DAS BUCH   *Amore* ist italienisch und bedeutet: Zwei begegnen sich, und der Tanz beginnt. Es geht dabei sinnlich zu, leidenschaftlich und wild. Aber auch mal zärtlich, sanft und ganz und gar unschuldig. Nahezu immer sind die Liebenden mit Witz und Gewitztheit bei der Sache, einem verführerischen Augenzwinkern, einem koketten Augenaufschlag: *Amore* kennt viele Spielarten.

In *Amore, Amore* haben Reinhold Joppich und Mario Di Leo nun die schönsten italienischen Liebesgeschichten und -lieder versammelt. Ihre Anthologie enthält Erzählungen von Umberto Eco, Andrea Camilleri, Italo Calvino, Franca Magnani, Ermanno Cavazzoni, Alberto Moravia, Elsa Morante und vielen anderen mehr. Zahlreiche *canzoni d'amore* besingen zudem die Liebe aufs Wunderbarste und Wehmütigste.

DIE AUTOREN   *Reinhold Joppich,* geboren 1949 in Duisburg, arbeitete nach einer Ausbildung zum Verlagsbuchhändler im Herder Verlag Freiburg als Buchhändler in Rom. Von 1984 bis 2014 war er Vertriebs- und Verkaufsleiter bei Kiepenheuer & Witsch. Seit 1985 ist er mit seinen literarisch-musikalischen Italienabenden im deutschsprachigen Buchhandel, auf Kleinbühnen und in Kulturvereinen unterwegs. Die aktuellen Programme »Amore, Amore« und »Hauptsache Rom«, die beide auch als CD vorliegen, veranstaltet er gemeinsam mit dem Musiker Mario Di Leo. Reinhold Joppich lebt in Köln, den Marken und Rom.

Mario Di Leo, geboren 1956 in Rom, aufgewachsen in Norcia. Während seines Philosophie- und Geschichtsstudiums in Perugia entdeckte und vertonte er mit großer Begeisterung volkstümliche *canzoni* aus seiner Heimat Umbrien. Seit 1983 lebt er in Deutschland, wo er sich als Musiker einen Namen gemacht hat und – u. a. gemeinsam mit Reinhold Joppich – italienische Kulturabende veranstaltet. Mario Di Leo lebt mit seiner Familie in Ansbach und lehrt an der dortigen Hochschule Italienisch.

www.mario-di-leo.de

KiWi

1511

»Und wenn ich sage, ›sterbensverliebt‹,
dann meine ich etwas,
von dem ihr keine Ahnung habt!«

Italo Calvino

INHALT

ACH, DIE LIEBE!

von Elke Heidenreich

AMORE – warum klingt das irgendwie schöner als LIEBE? Es schwingt Musik in diesem Wort, *amore,* und es reimt sich auf *dolore:*

Amore e dolore, wie Herz und Schmerz, aber eben nicht Herz, eben: *amore,* Liebe. Liebe ohne Schmerz ist nicht zu haben, und irgendein kluger Mann hat mal zu mir ewig unglücklich Verliebten gesagt, dass es ja nicht an Liebe mangele in der Welt – es mangele an erträglichen Erwartungen. Da ist was dran. Die Liebe wird immer überfrachtet mit unseren Wünschen und Sehnsüchten, und darunter zerkrümelt sie wie die Betonplatten unter den Nagezähnen der possierlichen Loriot'schen Steinlaus – auch der größte Liebesbrocken zerknackt an den zu hohen Erwartungen zu Staub.

Und *amore,* das ist doch ein Thema, über das wir uns leicht verständigen können. Wir sind der Liebe sehr bedürftig. Die Italiener wissen das, und sie sind in ihrem Land voller Himmel, Geigen und Zitronen und trotz widriger Politik und Mafia auch näher dran als wir. Ihre Liebe schmeckt nach *pasta* und *vino,* unsere nach Kartoffeln und Bier. Ihre *amore* hält dem Alltag so wenig stand wie unsere Liebe, aber

11

sie lässt sich schöner besingen und bedichten. Nicht umsonst haben die Italiener die Oper erfunden, sie wissen, wie man von Liebe singt und daran stirbt.

Dass die Sache mit der Liebe so vielfältig, so kompliziert und so ewig ist, das ist ein Segen für die Dichter, denn nun haben sie etwas zu schreiben. Dieses Buch versammelt Texte, die von Reinhold Joppich, dem Italienliebenden, dem halben Römer, ursprünglich für ein Bühnenprogramm zusammengestellt wurden, Texte von italienischen Schriftstellerinnen und Schriftstellern zum Thema *amore,* auf der Bühne mit Musik begleitet von italienischen Musikern. Es sind Texte, die Joppich, der als Buchhändler in Rom gelebt und dann jahrelang als Vertriebschef Bücher bei Kiepenheuer & Witsch betreut hat, schon fast sein ganzes Leben lang begleiten, ihn prägten, für die er sich geradezu beispiellos eingesetzt hat. Ich glaube, Ignazio Silone wäre fast vergessen, wäre Reinhold Joppich nicht unermüdlich mit seinen Geschichten landauf, landab gereist und hätte vorgelesen, erklärt, erzählt. Solche Enthusiasten braucht der Buchhandel und brauchen unsichere, suchende Leser heute mehr denn je.

Die Texte in diesem Buch sind mit leichter Hand zusammengetragen. Es sind Texte zum Lesen und zum Vorlesen, Derbes und Drastisches steht neben märchenhaft Zartem. Wir können beim Lesen lachen und leiden und uns erinnern und oft staunen, was die Italiener sich alles zu schreiben, zu denken, von der Liebe zu sagen trauen, da wird nicht groß herumgedruckst. Die Liebe zieht sich in vielfältigen Windungen durch dieses Buch. Calvinos feiner Witz steht neben Ermanno Cavazzonis ruppiger Inbesitznahme des armen Nestörchens durch die üppige, liebeshungrige Irene, seine zum Dampfross mutierte Gattin. Cavazzoni hat mit Fellini zusammengearbeitet, der die Frau durchaus als üppig liebendes Dampfross schätzte. Der Sizilianer Andrea Camilleri fehlt so wenig wie der große Alberto Moravia, in dessen Leben und Literatur es immer um *Ach, die Frauen* ging. Unter Mussolini lebte er versteckt in den Bergen, gründete später mit Pasolini eine Zeitung, und er weiß: »In der Liebe zählt das Gefühl«, aber auf Gefühle ist kein Verlass. Und ach, die Frauen äußern sich natürlich auch – Elsa Morante und Natalia Ginzburg, Franca Magnani und sogar Rocco und Antonia sind vertreten, die 1976 einen sexuell aufgeladenen Bestseller voller marxistischer Aufklärungsparolen schrieben – aus heutiger Sicht fast zum Brüllen komisch –, *Schweine mit Flügeln*. Überhaupt hat Joppich Schriftsteller versammelt, die irgendwie alle mehr oder weniger eine Biografie in der politischen Linken haben, die Antifaschisten sind oder waren, die früher zu den Partisanen gehörten und später gewiss nicht zu den Berlusconi-Wählern.

Auf der Bühne wird und wurde das Programm begleitet von Musik – Mario Di Leo singt und spielt mit Sohn und Tochter alte und neue italienische Lieder, *canzoni*, die er teils wiedergefunden, teils entdeckt, übersetzt, oft selbst komponiert hat. Viele davon finden sich auch in diesem Buch wieder, und man ahnt schon beim Lesen, wie wunderbar sie sich erst anhören müssen diese Gesänge, »*addio, addio, amore*«, diese Abschiede von der Liebe, wenn die Blätter und die Oliven fallen, weil der Winter kommt, aber im Mai kehrt alles zurück, und bis dahin grüß mir die Liebe, wo immer du sie triffst! Es wird in diesen Liedern geliebt, gelitten, bereut und gemordet, dass es eine Freude ist, und auch ein *cavaliere* kommt vor, der denkt, er könne sich jedes Mädchen kaufen, nur weil er mächtig ist – woran erinnert uns das doch gleich noch mal?

Dieses Buch tastet sich an der Freude entlang, die Männern und Frauen *amore* macht, wenn sie in einander – wie Nestörchen zwischen Irenes großen Brüsten –, wenn sie in der Liebe versinken, ohne recht zu wissen, wie ihnen geschieht. Irgendwie, das ahnt man bei diesen Texten, ist Italien noch immer das Land, das uns zu Menschen macht – sein Licht, sein Essen, seine Bauten, seine Musik und ach, seine Dichter. An ihren Seufzern zum Thema *amore* kommen wir nicht vorbei.

Also, sei's drum: mitten hinein!

LIEBE AUF ITALIENISCH

von Reinhold Joppich

NACHDEM ICH MIT MEINER MUTTER und meinen vier Geschwistern die Ferien jahrelang im Allgäu verbracht hatte, fuhren wir im Sommer 1968 zum ersten Mal nach Italien, an den Lido di Jesolo nahe Venedig. Endlich, der wahre Süden mit seinen Düften, seiner Küche, *pizza, pasta, vino,* und dann das Meer. Ich hatte noch nie in Salzwasser gebadet und genoss die Wärme, die mich umgab. Für mich als Kind des Ruhrpotts war Italien ein einziger Sinnesrausch, ich verliebte mich auf den ersten Blick in dieses Land – und in seine Frauen.

Allerdings hatte ich in Sachen *amore* mit meinen gut achtzehn Jahren bislang noch wenig Erfahrung. Das änderte sich, als ich in jenen Tagen am Lido Angela kennenlernte. Angela war sechzehn, hübsch, aber sehr kokett. Sie spielte mit mir, ließ etwas Nähe zu, nur um mich gleich darauf abblitzen zu lassen. Eines Abends sah ich sie am Strand – in den Armen eines »Latin Lovers«. *Niente amore con una bella ragazza italiana.*

Am letzten Urlaubsabend tanzte ich in einer Freiluftdisko mit einer reizenden Deutschen, als plötzlich Angela auf der Tanzfläche auftauchte und eine theatralische Eifersuchtsszene bot. Sie entriss mich meiner Tanzpartnerin, redete auf mich ein – was ich zwar mangels Italienischkenntnissen nicht verstand, aber als verführerisch auslegte – und zog mich an den Strand. Es war ein lauer Sommerabend, Angela und ich tauschten sinnliche Küsse. Doch plötzlich sprang sie auf und ließ mich abermals verwirrt zurück. Ich kam mir wie ein naiver Trottel vor.

Doch auch nach diesem Urlaub kehrte ich all die Jahre immer wieder nach Italien zurück, und in mir wuchs die Liebe zu diesem Land. Mir kam *la vita italiana* verspielter, kreativer und lebenspraller vor als das Leben in Deutschland. Ich wollte unbedingt in Italien leben, mich in eine Italienerin mit blauschwarzen Haaren und abgrundtief dunklen Augen verlieben, heiraten, viele Kinder haben und kleinbürgerlich werden.

Im Frühjahr 1977 erfüllte sich dann ein Teil meines Traumes. Es ging nach Italien, nach Rom, wo ich eine Stelle als Buchhändler in einer deutschen Buchhandlung antrat. Die beiden folgenden Jahre waren die aufregendsten und abenteuerlichsten meines Lebens.

Rom war überwältigend schön, Rom war aber auch in Aufruhr. Es verging kaum ein Tag ohne Demonstrationen, Straßenkämpfe und -schlachten, die sogar Tote forderten.

Die Buchhandlung lag unweit des Pantheon, mitten im historischen Zentrum Roms. Meine mehrstündige Mittagspause nutzte ich, um umherzustreifen: Piazza Navona, Campo de' Fiori, Spanische Treppe, Fontana di Trevi. Und dort flanierten auch immer die eleganten, unnahbar wirkenden, außergewöhnlich schönen Römerinnen. Bei einem Espresso oder Cappuccino blieb ich jedoch in der Rolle des stummen Bewunderers – mein Italienisch war noch nicht gut genug, als dass ich es an diesen Damen zu testen getraute.

In meiner ersten Zeit in Rom hatte ich ein Zimmer bei einer über achtzigjährigen Witwe aus Bayern, die schon über fünfzig Jahre in der Stadt lebte, aber nur bayerisch mit mir sprach und jeden Damenbesuch strengstens untersagte. Doch durch einen glücklichen Zufall erfuhr ich von einer WG, in der ein Zimmer frei war, und hocherfreut zog ich von der Piazza Bologna (Faschistenviertel) ins proletarische Tiburtina – und damit in eine andere Welt.

Meine Mitbewohner, die Schwestern Pia und Pina, beide Lehrerinnen, und ihr Bruder Alberto, Medizinstudent, stammten aus dem archaischen Apulien und hatten Rom für sich erobert. Nun nahmen sie sich meiner an, gaben mir Italienischstunden, schleppten mich ins Kino, versorgten mich mit Comics – mit aller Macht wollten sie mir ihre Sprache beibringen.

Neben all diesen neuen Lebenserfahrungen hoffte ich natürlich auch auf das ein oder andere Liebesabenteuer; doch in Rom herrschten eigene Gesetze. Auf diversen Partys hatte ich erste Flirtversuche unternommen, die aber alle kläglich gescheitert waren. Die Römerinnen erwarteten, dass ich ihnen den Hof machte, den werbenden Gockel gab und sie umgurrte. Doch danach war mir nicht.

Eines Nachmittags, ich war mit Pina allein in der WG, nahm sie mich bei der Hand und zog mich in ihr Zimmer. *Fare l'amore con una donna italiana.* Aber Pina gab mir zu verstehen, dass es ein einmaliges Abenteuer sei und geheim bleiben müsse, denn in Apulien warte ihr Verlobter auf sie.

Einige Zeit darauf stellte mich mein Mitbewohner Alberto einer Kommilitonin vor, einer wunderschönen Sardin.

Wir verliebten uns auf der Stelle, doch nach wenigen Wochen verkündete sie mir, dass sie mich heiraten und Kinder haben wolle. Das ging mir nun doch etwas schnell, und wir trennten uns.

Irgendwie verwirrten mich die italienischen Frauen: Entweder durfte ich sie bloß umgarnen, oder sie wollten gleich eine Familie mit mir gründen.

Doch dann lernte ich Miriam kennen. Sie stammte aus den Marken, studierte Architektur und praktizierte die freie Liebe. Sie war oft zu Gast in unserer WG, wir waren uns von Anfang an einig und lebten unsere Liebe unkompliziert aus. Noch heute denke ich häufig an diese kluge und verführerische Frau, die mich am Ende meiner römischen Jahre aus einer komplizierten Lage rettete.

Ich war mit einer Frau zusammen, für die ich aus der WG ausgezogen war und sogar meine Stelle in der Buchhandlung gekündigt hatte. Wir waren monatelang durch Italien gereist, hatten uns der *dolce vita* hingegeben, doch nun war ich in dieser Beziehung nicht mehr glücklich, und in mir reifte der Plan, nach Deutschland zurückzukehren. Eines Abends ergab sich die Gelegenheit. Ich packte meine Koffer, kramte meine letzten D-Mark-Scheine hervor, doch: Wie sollte ich an den Bahnhof, zur *Stazione Termini di Roma,* gelangen? Spontan rief ich Miriam an, die mich sofort abholte und zum Bahnhof brachte, wo ich eine Fahrkarte für den Nachtzug Rom–Duisburg löste; doch bis zur Abfahrt des Zuges dauerte es noch eine Weile.

Miriam und ich standen auf dem Bahnhofsvorplatz, als wir beschlossen, noch eine letzte gemeinsame Nacht miteinander zu verbringen. Ich ging also zurück an den Schalter und behauptete, man habe mir das falsche Ticket ausgestellt, ich wolle nach Freiburg, nicht nach Duisburg. *Friburgo, non Duisburgo.* Ich bekam eine neue Fahrkarte für einen Zug am nächsten Morgen und hatte nun auch wieder etwas Bargeld. Wir gingen in eine Trattoria, dann in ein Hotel in Bahnhofsnähe und verbrachten eine wunderbare Liebesnacht. Am nächsten Tag stieg ich in den Zug nach Freiburg.

Amore all'italiana. Sie ist überraschend, aufregend, absurd und dramatisch. Sie machte mich zum naiven Trottel, zum Gockel, zum heimlichen Liebhaber und zum Beinahe-Ehemann. Seit dreißig Jahren gehört meine Liebe diesem Land, den Menschen und ihrer Lebensart.

Und natürlich der italienischen Literatur und Musik. Mit meinem Freund Mario Di Leo lade ich deshalb seit fast zehn Jahren deutschlandweit zu literarisch-musikalischen Italienabenden in Buchhandlungen, Kulturzentren und auf andere Bühnen.

Die *canzoni d'amore* und Liebesgeschichten, die wir dort vortragen – seien es Erzählungen von Ignazio Silone, Dario Fo, Alberto Moravia, Ermanno Cavazzoni, Franca Magnani oder die vielen anderen, die in dieser Anthologie versammelt sind –, sie alle liegen mir so am Herzen, weil sie schildern, was auch mir in der Liebe auf Italienisch widerfahren ist. Und vor allem zeigen sie eines: wie unbestritten die Liebe das Leben in Italien bestimmt. Sie kann Herzen heilen und sie brechen – vor *Amore, Amore* ist niemand gefeit.

Köln, Februar 2016

DIE DREI ALTEN

von Italo Calvino

ES WAREN EINMAL DREI SCHWESTERN, die waren alle drei noch recht jung: die eine war siebenundsechzig, die andere fünfundsiebzig und die dritte vierundneunzig. Diese drei jungen Mädchen also hatten ein Haus mit einem schönen Balkon, und dieser Balkon hatte mitten im Boden ein Loch, durch das man die Leute sehen konnte, die auf der Straße unten vorbeigingen. Die Vierundneunzigjährige sah einen schönen Jüngling kommen; rasch nahm sie ihr feinstes, am zartesten duftendes Tüchlein, und als der Jüngling unter dem Balkon durchging, ließ sie es fallen. Der Jüngling hob das Tüchlein auf, roch den zarten Duft und dachte bei sich: »Das muss ein wunderschönes Mädchen sein.« Er ging ein paar Schritte weiter, machte dann kehrt und läutete an dem Haus. Eine der drei Schwestern kam an die Tür, und der Jüngling fragte sie: »Bitte sehr, wohnt hier vielleicht eine junge Dame?«

»Gewiss, mein Herr, und nicht nur eine!«

»Tut mir einen Gefallen: Ich würde gern diejenige sehen, die dieses Tüchlein hier verloren hat.«

»Nein, das geht leider nicht«, erwiderte die Alte. »In diesem Haus ist es Brauch, dass eine noch Unverheiratete nicht gesehen werden darf.«

Dem Jüngling hatte die Vorstellung von der Schönheit des Mädchens schon so sehr den Kopf verdreht, dass er sagte: »Ja, ja, schon recht. Ich heirate sie, auch ohne sie vorher gesehen zu haben. Jetzt laufe ich zu meiner Mutter und sage ihr, dass ich eine wunderschöne junge Dame gefunden habe und sie heiraten möchte.«

Er lief nach Hause und erzählte seiner Mutter alles. Die sprach zu ihm: »Lieber Sohn, gib acht, was du tust, damit du nicht übers Ohr gehauen wirst. Überleg dir's gut, bevor du etwas unternimmst.«

Darauf er: »Ja, ja, schon recht. Das Wort eines Königs wird nicht zurückgenommen.« Denn dieser junge Mann war ein König.

Er ging zurück zum Haus seiner Braut, läutete und trat ein. Die Alte vom letzten Mal kam herbei, und er fragte sie: »Mit Verlaub, Ihr seid wohl die Großmutter?«

»Gewiss, gewiss, die Großmutter.«

»Wenn Ihr die Großmutter seid, so tut mir doch bitte einen Gefallen und zeigt mir wenigstens einen Finger von Eurer Enkelin.«

»Heute nicht. Kommt morgen wieder.«

Der Jüngling verabschiedete sich und ging. Kaum war er draußen, bastelten die drei Alten einen künstlichen Finger, der aus einem Handschuhfinger und einem wächsernen Nagel bestand. Unterdessen konnte der junge König vor lauter Begierde, diesen Finger zu sehen, die ganze Nacht nicht schlafen. Als es hell wurde, zog er sich an und eilte zu dem Haus.

»Gnädige Frau«, sagte er zu der Alten, »da bin ich. Ich bin gekommen, um den Finger von meiner Braut zu sehen.«

»Ja, ja«, sagte sie, »gleich, gleich. Ihr werdet ihn durch dieses Loch in der Türe sehen.«

Die Braut steckte nun den künstlichen Finger durch das Schlüsselloch. Der Jüngling sah, dass es ein wunderschöner Finger war, gab ihm einen Kuss und steckte ihm einen Diamantring an. Dann sagte er glühend verliebt zu der Alten: »Großmutter, Ihr müsst wissen, ich möchte so bald wie möglich heiraten, ich kann nicht mehr warten.«

Darauf sie: »Morgen schon, wenn Ihr wollt.«

»Gut! Ich heirate morgen. Das Wort eines Königs!«

Reich, wie sie waren, konnten sie die Hochzeit von einem Tag auf den andern ausrichten, ohne dass etwas fehlte, und am nächsten Tag machte sich die Braut mithilfe ihrer zwei Schwestern bereit. Es kam der König und sagte: »Da bin ich, Großmutter.«

»Wartet einen Moment, wir bringen sie Euch.«

Und die beiden Alten führten die dritte herbei, die unter sieben Schleiern verborgen war. »Denkt daran«, erinnerten sie den Bräutigam, »Ihr dürft sie nicht sehen, bevor Ihr nicht im Brautgemach seid!«

Sie begaben sich in die Kirche und heirateten. Dann wollte der König, dass man zum Festmahl schreite, aber die Alten erlaubten es nicht. »Ihr müsst wissen, die Braut ist nicht an diese Dinge gewöhnt.« Und so musste der König sich fügen. Er konnte es kaum erwarten, dass es Abend wurde und er mit seiner Braut allein bleiben durfte. Doch die beiden Alten begleiteten die Braut ins Schlafzimmer und ließen ihn nicht herein, weil sie ihre Schwester erst ausziehen und ins Bett legen mussten. Schließlich aber trat der König ein, immer mit den beiden Alten im Schlepptau, und die Braut lag unter den Decken. Er begann sich auszuziehen, und die beiden Alten gingen hinaus, wobei sie das Licht mit fortnahmen. Aber er hatte sich in der Rocktasche eine Kerze mitgebracht. Die zündete er nun an, und was sah er da? Eine verfallene und verschrumpelte alte Vettel!

Zuerst war er ganz starr und sprachlos vor Schreck. Dann packte ihn die Wut, und er wurde so wütend, dass er die Braut ergriff, sie in die Luft hob und aus dem Fenster warf.

Unter dem Fenster befand sich eine Weinlaube. Die Alte brach durch das Laubendach und blieb mit einem Zipfel ihres Nachthemds an einer Latte hängen.

In jener Nacht gingen nun drei Feen im Garten spazieren. Als sie an der Laube vorbeikamen, sahen sie die Alte dort baumeln. Bei dem unerwarteten Anblick brachen alle drei Feen in ein Gelächter aus und lachten so laut und so lange, dass sie am Ende Seitenstechen bekamen. Doch als sie schließlich genug gelacht hatten, sprach eine von ihnen: »Jetzt, da wir so viel auf ihre Kosten gelacht haben, muss sie zum Ausgleich etwas bekommen.«

»Gewiss, sie muss etwas bekommen«, sagte die eine der Feen. »Zauber, Zauber: Ich befehle, du sollst die schönste Jungfrau werden, die man je mit zwei Augen gesehen.«

»Zauber, Zauber«, sprach die andere Fee, »ich befehle, du sollst einen wunderschönen Gemahl bekommen, der dich innig liebt und dein Bestes will.«

»Zauber, Zauber«, sprach die dritte, »ich befehle, du sollst dein Leben lang eine große Dame sein.«

Und damit verschwanden die drei Feen.

Sobald es hell wurde, wachte der König auf und erinnerte sich an alles. Um sich zu vergewissern, dass nicht nur alles ein böser Traum gewesen war, machte er das Fenster auf, um das Scheusal zu sehen, das er am Abend zuvor hinausgeworfen hatte. Was aber sah er da auf der Weinlaube sitzen? Eine wunderschöne Jungfrau. Er raufte sich die Haare.

»Ich Unseliger, was habe ich getan!« Er wusste nicht, wie er sie zu sich heraufziehen sollte; schließlich nahm er ein Laken aus dem Bett, warf ihr ein Ende zu, damit sie sich daran festhalten konnte, und zog sie herauf. Und als er sie bei sich im Zimmer hatte, begann er, glücklich und zugleich voller Gewissensbisse, sie um Verzeihung zu bitten. Die Braut verzieh ihm, und so lagen sie freudig beisammen.

Nach einer Weile hörten sie's klopfen. »Das ist die Großmutter«, sagte der König. »Herein!«

Die Alte trat ein und sah im Bett anstelle der vierundneunzigjährigen Schwester eine wunderschöne junge Frau liegen. Und diese wunderschöne junge Frau sprach zu ihr, als ob nichts wäre: »Clementina, bring mir bitte den Kaffee.«

Die Alte schlug sich eine Hand vor den Mund, um einen Überraschungsschrei zu ersticken; sie ließ sich nichts anmerken und holte den Kaffee. Doch kaum war der König fortgegangen, um sich seinen Geschäften zu widmen, lief sie zur Braut und fragte sie: »Aber wie kommt es, wie kommt es nur, dass du so jung geworden bist?«

Darauf die Braut: »Still, still, um Gottes willen! Wenn du wüsstest, was ich getan habe! Ich habe mich hobeln lassen!«

»Hobeln? Rasch, sag mir: von wem? Ich will mich auch hobeln lassen.«

»Vom Schreiner!«

Die Alte lief sofort zum Schreiner. »Schreiner, wollt Ihr mich hobeln?«

Darauf der Schreiner: »Oje! Ihr seid schon so dürr wie eine Spindel! Wenn ich Euch hobele, geht Ihr ins Jenseits hinüber!«

»Macht Euch darum keine Gedanken.«

»Wie? Keine Gedanken machen? Und wenn ich Euch umbringe?«

»Ich sage Euch, macht Euch darum keine Gedanken. Ich gebe Euch einen Taler.«

Als er das Wort »Taler« hörte, überlegte der Schreiner es sich anders. Er nahm den Taler, sagte: »Legt Euch hier auf die Bank, ich werde Euch hobeln, so viel Ihr wollt«, und fing an, eine Backe zu hobeln.

Die Alte schrie auf.

»Was ist? Wenn Ihr schreit, wird's nichts werden.« Sie drehte sich auf die andere Seite, und der Schreiner hobelte die andere Backe. Die Alte schrie nicht mehr – sie war bereits mausetot.

Von der anderen Alten hat man nie gehört, welches Ende sie genommen hat – ob sie ertrunken, abgestochen worden, in ihrem Bett oder sonst wo gestorben ist, man hat es nie herausbekommen.

Die Braut aber blieb allein im Haus mit dem jungen König, und sie sind immer glücklich gewesen.

LU JATTU SONAVA / DER KATER SPIELTE DUDELSACK

von Mario Di Leo, 2011

*Die »Ninnananna«, das Schlaflied, hat eine lange
Tradition in Italien. Mama, Oma, Tante – die Frauen
im Haus erzählen dem Kind Geschichten von früher.
Wie in der Fabel treten darin Tiere mit menschlichen
Eigenschaften auf, die das schlafende Kind beschützen.*

*Daneben schafft die »Ninnananna« einen
geschützten Raum für die Sängerin, die sich fern von
den Ohren klatschsüchtiger Nachbarinnen die täglichen
Ängste und Anstrengungen von der Seele singen kann.
So wird das Lied zu einem spontanen Dialog mit
dem Kind, den sie je nach Muße immer wieder variiert.*

*Der Text wird im Dialekt gesungen, also in der
Sprache, in der sich die Frau zu Hause fühlt.*

LU JATTU SONAVA

Lu jattu sonava la sampogna
Lu sorce là davanti je ballava
La biocca se rifacia lu liettu
Lu jalle dispittusu je lu mestecava
La vorba se ne ia pe cicoria
L'abbacchiu lestu lestu je se la magnava
La cioetta facia la suppetta co lo iniu
E può l'uocchi durci alla ciammarica
Quante storielle e quante canzonette
Pe ste creature mo tocca cantare
Ma le parole de ste du strofette
La famijola mia me fa scordare
Chi vuò le scarpe e chi vo le carzette
Chi miezzu la nottata vo lo pane
E mo che me paria d'ave' finitu
Chi vuò pijà moje e chi maritu

DER KATER SPIELTE DUDELSACK

Der Kater spielte Dudelsack
Die Maus tanzte dazu
Die Henne machte die Betten
Der freche Hahn sprang darin herum
Der Fuchs wollte Feldsalat pflücken
Das Lamm fraß ihn blitzschnell weg
Die Eule tunkte ihr Brot in den Wein
Und machte der Schnecke schöne Augen
Wie viele Fabeln und wie viele Liedchen
Muss man für die Kinder singen
Aber bei all dem Durcheinander im Haus
Vergesse ich die Texte
Der eine braucht die Schuhe, der andere die Socken
Und noch einer will mitten in der Nacht Brot essen
Du glaubst, es ist vorbei, wenn die Kinder groß sind
Dabei geht es im Heiratsalter erst los

NOCH EIN SCHUFT

von Rossana Campo

IM JULI FAHR ICH mit meinem Freund Ivano ans Meer, und nach dem Baden macht er den Vorschlag, zu einem Fest zu gehen, wo, wie er meint, lauter unsympathische Leute rumhängen und wo es unheimlich viel zu essen gibt, wie immer bei Festen von unsympathischen Leuten. Ich bin natürlich dabei, scheiß drauf, sympathisch oder unsympathisch.

Als wir beim Fest ankommen, grüß ich die Herrschaften nur knapp und verschwinde dann wie ein geölter Blitz in der Küche. Da steh ich also und stopf mich voll mit Torte, Kuchen, Pizza, Weißwein …, als ich merke, dass mich ein Typ anstarrt, leicht schütteres, rötliches Haar, kleine runde Brille, um die vierzig. Er lächelt, und ich denke mir, was lächelt der Idiot denn so blöd, denn in der Zeit, von der ich jetzt erzähle, bin ich auf alles Männliche nicht besonders gut zu sprechen.

Er kommt näher und meint, guten Appetit. Der soll mich bloß mal am Arsch lecken, denk ich mir. Aber da erscheint ein Typ, der ihn mit Vornamen anspricht und ihn fragt, ob er ihm einen Wischlappen geben kann, und er gibt ihm einen.

Ich sag, du bist also der Gastgeber.

Und er meint, allerdings.

Ich sag, aha! Angenehm, sehr angenehm. Und ich stopf mich weiter voll, mach aber so, als wenn ich mich ein bisschen maßvoller vollschlagen würde, zeig also mehr Stil.

Er sagt, dass er Filiberto heißt, kein Witz, genau das sagt er. Dass er vierundvierzig ist und Psychologe und in der offenen Psychiatrie arbeitet. Was für ein Psychologe? Reichianer. Ah ja! Wir gehen also auf die Terrasse, um zu quatschen. Auch wenn ich keine Lust gehabt hätte, inzwischen war klar, dass er sowieso den ganzen Abend nicht mehr von meiner Seite weichen würde.

Aber mir gefällt auch, dass er mir einen großen Teller mit Leckerbissen füllt und auf die Terrasse rausbringt, und mir gefällt, dass er mir sofort beflissen nachgießt, wenn ich mein Glas ausgetrunken hab. Nun gut, und wie läuft's mit diesem Psychologen Filiberto? Es läuft so, dass er eine Artigkeit und ein Kompliment nach dem anderen loslässt, zum Beispiel: Von dir gehen wahnsinnig positive Vibrationen aus! Oder: Du hast eine unheimlich liebenswerte Energie! Und dann: Nein, diese Augen, diese Lippen, dieses Lächeln, dieser Liebreiz, diese Schönheit! Kurz und gut, im Geiste vögelt er mich schon hier auf der Terrasse.

Aber ich muss zugeben, dass ich Komplimente immer gern höre, auch wenn sie von einem rötlichen Reichianer mit Halbglatze kommen.

Sicher, wenn ich ihn mir so anschaue, muss ich sagen, er ist nicht unbedingt eine klassische Schönheit, nee, bestimmt nicht. Aber er ist sympathisch, und er quatscht ziemlich laut, und mir gefallen Menschen, die laut reden. Und dann will er meine Telefonnummer, und ich geb sie ihm.

Am anderen Morgen um sieben ruft er mich an und sagt, dass er mich unbedingt wiedersehen muss und dass er die ganze Nacht kein Auge zugetan hat, weil er immer an meine Ausstrahlung denken musste und so weiter. Für den Abend lädt er mich zum Essen ein. Man weiß ja, dass ich so was nicht ausschlage. Danach gehen wir noch zu ihm was trinken. Na ja, und dann platzt er plötzlich damit heraus, dass ich die Nacht bei ihm verbringen soll, denn das wäre für ihn, was er die Erfüllung eines ungeheuer schönen Traumes nennt. Aber ich hab keine Lust, mit dem Reichianer ins Bett zu gehen, weil die Strahlungen, die er mir rüberschickt, keineswegs so liebenswert sind wie die, die ihn von mir erreichen.

Ich geh also nach Hause. Aber er ruft mich die ganze Woche lang jeden Morgen ganz früh an, um mir zu erzählen, dass er nicht mehr schlafen kann und so weiter. Du kannst vielleicht nicht schlafen, sag ich zu ihm, aber ich könnte schon.

Jedenfalls ist der Sommer hier in der verfluchten Stadt so heiß, dass man schier wegschmilzt, und von Geld für einen Urlaub keine Spur. Als Filiberto dann in die Ferien aufbricht, meint er, dass ich gerne mit ihm fahren kann. Wenn ich erlaube, wolle er die Kosten übernehmen. Und ob ich erlaube. Er schlägt vor, in die Berge zu fahren, wo es kühler ist und wo er ein Haus hat. Also fahren wir.

Auf alle Fälle muss man sagen, dass dieser Filiberto absolut kein ekliger Wurm ist, nein, im Gegenteil, er benimmt sich wie ein Gentleman und macht mir keine schweinischen Angebote, denn ich hab ihm klar und deutlich gesagt, dass ich zwar mit ihm in Ferien fahre, aber dass er nur ja nicht glauben soll, dass er mit mir vögeln kann, nur weil er mich in sein Ferienhaus mitnimmt. Und er hält sich dran. Wir machen Spaziergänge und laufen abends um den kleinen

See. Und dann saufen wir uns einen an in der Bar am Landungssteg und erzählen uns unsere Leben.

Die Lebensgeschichte von diesem Filiberto konnte man sich ganz gut anhören, und dann ist er auch ein recht ordentlicher Erzähler … Auf alle Fälle hat sich Folgendes in seinem Leben zugetragen. Mit der großen Liebe seines Lebens, einer Afrikanerin aus Abidjan von der Elfenbeinküste, war er vierzehn Jahre zusammen. Als die Geschichte dann im Streit endet, geht er nach Amerika, wo er nach einer schlimmen Zeit mit viel Einsamkeit und Liebeskummer eine Malerin aus Kalifornien kennenlernt, woraus eine ganz schöne Liebesgeschichte entsteht. Nicht so schön wie die mit der Afrikanerin, die auch nach zwanzig Jahren sein Herz noch immer nicht ganz loslässt, aber schon ganz schön.

Bis er dann wegen seiner Mutter nach Italien zurückwill und die Beziehung mit der kalifornischen Malerin zerbricht. Auf dem Heimweg nach Italien lernt er im Flugzeug eine Französin kennen, an die ich ihn ein bisschen erinnere (?), und heiratet sie. Nach drei Jahren, die sie zusammen mit seiner Mutter im selben Haus verleben, sucht sie das Weite, und seitdem hat er nichts mehr von ihr gehört, wie's ihr geht, wo sie hin ist, nichts.

Ich sag zu mir, wer weiß, warum der so ein Pech mit den Frauen hat. Auf alle Fälle, schon nach ein paar Wochen in diesem Bergdorf mit dem See, der Bar am Landungssteg, den Spaziergängen und Gesprächen fang ich an, den rötlichen Psychologen mit der Halbglatze mit ganz anderen Augen zu sehen. Das heißt, ich sehe nur noch seine Vorzüge und das Schöne an ihm, und manchmal erwisch ich mich dabei, dass ich ihn gar nicht mehr hässlich, sondern, um ehrlich zu sein, unheimlich schön finde, fast so wie mein Schönheitsideal, den Sänger Pavarotti, den ich noch gar nicht erwähnt habe. Und wenn ich anfange, bei einem nur noch die Vorteile zu sehen, und ihn fast so schön wie Pavarotti finde, ist das ein sicheres Zeichen dafür, dass ich verliebt bin.

Ich ruf also Giovanna an, um ihren Rat zu hören, und sie meint: Verlass ihn. Dann ruf ich meinen Freund Marco an, mit dem gleichen Anliegen, und der fängt unheimlich an zu lachen, und ich sag zu ihm: Hör mal, du Arschloch, um dein bescheuertes Lachen zu hören, kann ich hier ein Ferngespräch bezahlen. Auf alle Fälle, als ich ins Haus zurückkomme, schau ich ihn mir noch mal genauer an und entscheide dann, dass ich ihn als Geliebten will, diesen Filiberto, den Reichianer mit den schütteren roten Haaren.

Und dann? Tja, es läuft alles ganz toll; er ist unheimlich verliebt und sagt ständig, dass ein wunderbarer Traum für ihn in Erfüllung gegangen ist. Bis es dann eines frühen Morgens gegen sieben an der Tür klingelt, und er steht auf, und ich höre spitze Entzückensschreie und eine furchtbar unangenehme Stimme und rufe: Wer ist denn da? Filiberto, was ist denn das für ein Idiot? Und dann stürzt plötzlich ein etwa siebzigjähriges Frauchen auf mein Bett zu, wie eine Verrückte geschminkt, die mit ihren Armen in der Luft rumfuchtelt und mich abknutscht und Folgendes ruft: Très joli!!! Très joli, bravo Fili. Gaaanz ausgezeichnet!!!

Filiberto sagt, Liebste, das ist meine Mutter.

Und da Filibertos Mutter eine alte Theaterschauspielerin ist, hört sie gar nicht mehr auf, mit den Armen zu fuchteln, und dann meint sie: Kinder, ich bin einer Eingebung gefolgt!! Einem Instinkt! Einem Glücksinstinkt!!! Und ich bin wie vom Donner gerührt.

Ich lieg im Bett, so nackt wie die berühmte Mutter Natur mich geschaffen hat, und diese Verrückte setzt sich zu mir und mustert mich aufmerksam. Dann erklärt sie mir, dass sie ihren Portugal-Aufenthalt mit Henry (ihrem fünfunddreißigjährigen dritten Ehemann) auf der Stelle abgebrochen hat, als Fili ihr von uns erzählt hat, und dass sie von Ventimiglia aus mit einem Taxi schnurstracks hierher gefahren ist, um dieses Mädchen zu sehen, das das Herz ihres Fili erobert hat.

Sie ist so freundlich, dass ich das Gefühl habe, sie will mich umbringen. Jedenfalls sieht es so aus, als würden wir den Rest der Ferien mit Mama verbringen müssen.

Ich sag zu Fili, dass ich keinen Bock auf Ödipus-Ferien hab. Und wenn seine Mutter nicht bald abzischt, dass ich dann ganz schnell abgezischt bin. Aber er meint, dass ich Geduld haben soll und dass seine Mutter all die Kilometer nur zurückgelegt hat, um mich kennenzulernen, und dass ich ihr so gut gefalle, dass ich eigentlich glücklich sein müsste.

Glücklich würde ich nicht gerade behaupten, entgegne ich. Sei nur vorsichtig, Fili, ich bin ganz schnell weg.

Und er meint, zwing mich nicht, Liebste, mich zwischen dir und Mama zu entscheiden, tu das nicht, Liebste.

Ich kann euch sagen, in diesem Moment wird mir einiges klar über Filiberto, und ich sag zu ihm: Und ob ich dich jetzt zwinge, dich zwischen mir und Mama zu entscheiden, und ich fühl mich unheimlich böse dabei, wie in einem Film mit Bette Davis, wenn Bette Davis unheimlich böse ist.

Und er meint immer wieder, überlegen wir doch mal in Ruhe. Und ich sag, überleg du doch, überleg du mit deiner Mama. Und eines Morgens früh nehm ich den kleinen Autobus und mach mich aus dem Staub.

DAS HIRNGESPINST

von Alberto Moravia

DEN ERSTEN FEHLER habe ich begangen, indem ich an ihn glaubte, an ihn, den ich lange Zeit meinen Mann nannte, obwohl er es doch dem Gesetz nach gar nicht war. Als Emilio mich bat, mit ihm zusammenzuleben, schlug ich schüchtern vor, unsere Situation zu normalisieren, wie man sagt: das heißt zu heiraten. Er entgegnete mit didaktischem Geschick: »Ehe, legitime Vereinigung, das sind Worte. Die Dinge sind aber nur durch Kategorien benennbar. Unsere Verbindung gehört zur Kategorie der illegitimen Verbindungen; in Wirklichkeit ist sie gar nicht benennbar, weil es nicht eine einzige Sache gibt, die einer anderen ähnlich wäre. Also gibt es kein Wort, das unsere Beziehung exakt bezeichnen würde; es gibt nur die Beziehung, das heißt die Sache. Deshalb zählen Worte nicht. Allein die Sache zählt, das heißt, dass wir uns lieben und zusammenleben.«

Emilio ist ein Verstandesmensch, seine Schlussfolgerung hat mich eingeschüchtert. Wenn nur die Sachen zählen und die Worte lediglich die Kategorien betreffen, dann hatte ich – es ist angebracht, das zu sagen – nichts einzuwenden. So lebte ich also mit Emilio zusammen, in einem alten Haus des päpstlichen Rom, in einer Wohnung, vollgestopft mit Büchern und nach Norden gelegen, ohne einen Sonnenstrahl. Ich schlief mit Emilio, aß mit Emilio, ging mit Emilio aus, lebte mit Emilio, aber ich war nicht Emilios Frau. Ich war jedoch, wie er meinte, auch nicht die Geliebte, die Freundin, die Gefährtin, die Komplizin oder dergleichen. Da nur die Sachen zählen, war ich eine sogenannte Sache, die nach den Worten Emilios zwar nicht eigentlich benannt, aber definiert werden könnte, indem man sie erschöpfend beschrieb. Kann man aber einen Menschen erschöpfend beschreiben? Nach Emilios Meinung würden nicht einmal die drei Millionen Bände der Nationalbibliothek ausreichen.

Eines Tages, als Emilio ausgegangen war, rief Edgardo an, sein bester Freund. Er fragte, ob Emilio da sei, ich antwortete, er sei nicht da, und nun sagte er rasch: »Dann komme ich rauf.« Dieses »dann« überraschte mich. Trotzdem nahm ich eine passende Haltung ein: auf dem Diwan in einer Ecke des Salons, ein Buch in der Hand.

Edgardo brachte mir gleich bei, was er mit diesem »dann« gemeint hatte. Er kam herein, und nach wenigen einleitenden Worten warf er sich mir zu Füßen und umschlang meine Beine. Da ich mich, vor Überraschung gelähmt, nicht rührte, glitt seine Umarmung an mir herauf, von den Hüften zur Taille, von der Taille zur Brust. Das Letzte, was ich fühlte, waren seine Lippen auf den meinen. Dann stieß ich einen Schrei aus, drängte ihn weg und flüchtete. Edgardo verfolgte mich. Von einem Zimmer zum anderen in dieser Art Bibliothek, die meine Wohnung war, ging die wilde Jagd, bei der wir im Vorbeilaufen Bücherstapel und Zeitschriftenstöße umrissen. Schließlich zwängte Edgardo mich in eine Ecke zwischen zwei Bücherregalen und küsste mich wieder, diesmal leidenschaftlich. Ich könnte heute nicht beschwören, dass ich den Kuss nicht ein bisschen erwidert hätte. Aber da ich eine temperamentvolle Frau bin, war ich erst einmal empört und wütend. Edgardo ging mit den unverschämten Worten: »Immer wenn ich wiederkomme, wird es so sein wie heute, damit du es weißt.« Ich antwortete ihm nicht. Mit zorngeschwollenem Herzen wartete ich auf Emilios Rückkehr.

Kaum hörte ich, dass die Tür geöffnet wurde, da stürzte ich in den Flur. »Dieser Edgardo ist ein schöner Freund!«

»Was hat er denn gemacht?«

»Er hat sich als Schuft erwiesen!«

Emilio breitete beide Hände zu einer Predigergeste aus, als wollte er sagen: Frieden, Frieden. Er hängte den Hut an die Garderobe, wickelte sich den Schal vom Hals, steckte ihn in die Tasche des Mantels, den er ebenfalls aufhängte, und stellte den Regenschirm in den Schirmständer. Dann ging er, klein, birnenförmig und mäßig würdevoll, mir voran in sein Arbeitszimmer. Er setzte sich hinter den Schreibtisch, gut gedeckt von einem Bollwerk aus unaufgeschnittenen Büchern, und bat mich, ihm zu erzählen, was geschehen sei.

Ich tat es voller Wut, verschluckte Wörter, war atemlos, außer mir. Er hob von neuem die Hände. »Ruhig, ruhig. Edgardo ist kein Schuft. Er hatte nur einen schwachen Moment.«

»Ach, er ist kein Schuft?«

»Nein. Schuft, schau, ist eins der Wörter, die man lieber vermeiden sollte.«

»Aber das, was er getan hat, ist schuftig.«

»Die Dinge existieren nicht, nur die Wörter existieren, und deshalb muss man sie mit Vorsicht gebrauchen.«

Ich war so verblüfft, dass ich einen Augenblick kein Wort herausbrachte. Das war genau das Gegenteil von dem, das er mir seinerzeit gesagt hatte, um mich zu überreden, mit ihm zusammenzuleben. Er fuhr fort: »Warum glaubst du, dass man in den Großstädten heutzutage so schlecht lebt? Weil sich die Menschen, da sie die metaphorische Bemerkung ›Das Leben ist ein Dschungel‹ zu oft verwenden, schließlich tatsächlich wie wilde Tiere im Dschungel benehmen. Siehst du, wie wesentlich die Wörter sind?«

»Aber wenn das Wort da ist, dann bedeutet das doch, dass vor dem Wort die Sache da war.«

»Irrtum. Es gibt zum Beispiel das Wort ›Hirngespinst‹, aber die Sache hat es nie gegeben.«

»Emilio, dein bester Freund hat versucht, mich zu küssen.«

»Die Wörter sind alles, die Dinge existieren erst, wenn man sie benennt. Auch der Gedanke existiert erst von dem Moment an, da wir mit Wörtern denken. Der Satz: ›Edgardo hat mich geküsst‹, könnte theoretisch einer Sache entsprechen, aber er könnte auch einem glatten Nichts entsprechen. Wie die Formulierung: ›Der derzeitige König von Frankreich‹, die die Existenz eines heutigen Königs in Frankreich voraussetzt, der aber in Wirklichkeit, wie jedermann weiß, nicht existiert.«

Er sprach ernsthaft, ruhig, überlegen. Ich lief in ein kleines Zimmer, in dem er alle seine Wörterbücher und Enzyklopädien aufbewahrte, zog den Band »S« eines Konversationslexikons hervor, suchte und fand die Seite, dann kehrte ich zu ihm zurück und las ihm laut vor: »Schuft: Mensch jedweden Standes, auch Adliger und Edelmann, der sich aber nicht schämt, Taten zwischen gemein und unehrenhaft zu begehen.«

Er sagte: »Tatsächlich: Adlige und Edelleute. Ist es dir klar? Schuft ist das Überbleibsel eines Schiffbruchs.«

»Welchen Schiffbruchs?«

»Des Schiffbruchs einer Zivilisation, in der es Adlige und Edelleute gab und Schufte.«

»Und das Wort ›gemein‹, ist das auch das Überbleibsel eines Schiffbruchs?«

»Nur immer ruhig Blut.«

Ein paar Tage vergingen. Eines Nachmittags nutzte Edgardo wieder den Augenblick, als Emilio nicht zu Hause war, und war unverschämt genug heraufzukommen. Ich wies das Dienstmädchen an, ihn in den Salon zu führen, öffnete ein Schubfach, nahm einen Revolver heraus und steckte ihn in die Tasche: Sollte Edgardo versuchen, mich zu küssen, dachte ich, dann erschieße ich ihn. Danach betrachtete ich mich im Spiegel. Ich bin sehr hübsch, habe einen Jungenkopf, mit feucht schimmernden schwarzen Augen, Adlernase, stolzem Mund. Überrascht nahm ich in meinen Augen eine Erregung wahr, die mit Mordgier nichts zu tun hatte. Ich zog den Revolver wieder aus der Tasche, nahm ein Blatt Papier und schrieb darauf: »Schuft ist gleich Hirngespinst.«

Ich ging in den Salon. Edgardo saß in demselben Sessel, in dem sich Emilio nach dem Essen niederzulassen pflegte, um die Zeitung zu lesen. Vielleicht drängte sich deshalb der Vergleich auf: hager, lebhaft, nervös, jugendlich – Edgardo; weiblich, fett, kraftlos, abgelebt – Emilio. Ich trat zu ihm und hielt das Blatt vor ihn hin, ohne ein Wort zu sagen.

Er las und fragte: »Was bedeutet das?«

Vor ihm stehend, antwortete ich: »Ich habe Emilio gesagt, dass du ein Schuft bist. Er hat erwidert, du bist ein Hirngespinst.«

»Das verstehe ich nicht.«

»Es soll heißen: Nicht die Dinge existieren, nur die Wörter. Schuft ist wie Hirngespinst: ein Wort, das einem Nichts entspricht. Also bist du ein Hirngespinst.«

Er sah mich liebevoll und launig an, ergriff meine Hand, zog mich, die jetzt Nachgiebige, auf seine Knie und sagte: »Dein Hirngespinst.«

So begann unsere Liebe, die noch immer andauert, und auch unsere Ehe, denn wir haben geheiratet. Aber ich will noch berichten, wie das Verhältnis mit Emilio geendet hat. Nach einiger Zeit ging Edgardo, und ich versprach ihm, so bald wie möglich in seine Wohnung zu kommen. Als Emilio kam, trat ich ihm entgegen und fragte ihn: »Stimmt es, dass die Wörter die Dinge sind und dass es nur die Wörter gibt?«

»Das stimmt.«

»Also können wir sagen: der derzeitige König von Frankreich; und es macht wenig aus, wenn es in Frankreich keinen König gibt. Ist es nicht so?«

»Gewiss.«

»Schön, dann sage ich dir: Ich werde dich immer lieben.«

»Danke.«

»Und ich ziehe zu Edgardo.«

Er wurde bleich, starrte mich mit offenem Mund an. »Aber Leonetta, was sagst du da?«

»Ich sage zu dir: ›Ich werde dich immer lieben‹: und ich gehe fort. Was macht es, wenn ich fortgehe? Das ist eine Sache, das heißt, es existiert nicht. Wichtig ist das, was ich zu dir sage: Ich werde dich immer lieben. Für dich muss allein dies existieren.«

»Leonetta, um Gottes willen.«

»Ich gehe zu meinem Hirngespinst.«

»Zu welchem Hirngespinst.«

»Ich habe gesagt: Schuft. Du hast mir bewiesen, dass Schuft gleich Hirngespinst ist: es entspricht nichts Realem. Statt nun zu erklären: ›Ich will mit dem Schuft zusammenleben‹, kann ich ebenso gut sagen: ›Ich will mit dem Hirngespinst zusammenleben.‹«

WEIN UND BROT

von Ignazio Silone

EINES MORGENS konnte Pietro nicht länger der Versuchung widerstehen, ein Bad zu nehmen. Es war ein klarer, strahlender Tag. Die Sonne war gerade aufgegangen, die Obstbäume glänzten im Tau. Unten in der Ebene waren Gruppen von Bauern mit der Frühlingssaat beschäftigt, aber oben war keine Menschenseele zu erblicken. Pietro folgte den Spuren der Tiere und fand ohne Mühe den Weg zur Tränke. Das Wasser im Becken war zartgrün, durchsichtig und eiskalt. Pietro streifte sein Hemd ab und war gerade dabei, sich die Schuhe auszuziehen, als plötzlich eine junge Bäuerin neben ihm stand. Sie trug einen Eimer in der Hand und wollte offenbar Wasser holen. Pietro hatte ihre Schritte nicht hören können, denn sie ging barfuß. Er zog eilig sein Hemd wieder an.

»Entschuldigen Sie«, sagte er und versuchte zu lächeln.

»Gibt es in der Nähe Ihres Hauses keinen Brunnen?«, fragte die junge Frau von oben herab. »Was tun Sie hier auf fremden Grund und Boden?«

»Ich bin ein Pilger«, sagte Pietro verwirrt. »Ich bin nur zufällig hier vorbeigekommen.«

Er bemühte sich, die Unbekannte durch Höflichkeit zu besänftigen.

43

»Soll ich Ihnen den Eimer füllen?«, fragte er.

»Im Frühling ist noch nie jemand auf Pilgerfahrt gegangen«, sagte die junge Frau. »In allen Christenländern geht man im August oder im September auf Pilgerfahrt. Im Frühling wird gearbeitet.«

»Ich habe ein Gelübde getan«, sagte er. »Sicher wissen Sie, was ein Gelübde ist.«

Die junge Frau wirkte kräftig und selbstsicher und war offenbar nicht leicht einzuschüchtern. Ihre Augenbrauen und Wimpern waren dicht und dunkel, und sie hatte die breiten Schultern und die starken Hüften einer Frau, die an schwere Arbeit gewöhnt ist. Aber die schlanken Fesseln und die schmale Nase waren von feinerer Bildung, und der lebhafte, spöttische Blick wirkte ungewöhnlich.

»Kann ich Ihnen nicht helfen?«, sagte Pietro. »Ich habe keine Eile.«

Die Frau sah ihn aufmerksam an und hielt seinem Blick ohne Verlegenheit stand.

»Es freut mich, dass auch Sie keine Eile zu haben scheinen«, bemerkte Pietro. »Wohnen Sie hier in der Nähe?«

Ohne zu antworten, tauchte die junge Bäuerin mit sicherer Hand den Eimer ins Wasser und zog ihn gefüllt wieder heraus. Bevor sie fortging, wandte sie sich noch einmal dem Fremden zu und sah ihn nachdenklich an, als suche sie nach einem Abschiedswort.

»Viel Glück«, sagte sie schließlich in so freundlichem Ton, dass Pietro tief beeindruckt zurückblieb. Was bedeuteten diese Worte und der veränderte Klang ihrer Stimme?

Er folgte ihr mit dem Blick, solange es möglich war. Dann lief er eilig in sein Versteck zurück und stellte sich an das Fenster, von wo er das Ende des Fußweges überblicken konnte, auf dem sie verschwunden war. Der Fußweg führte zu einem Obstgarten, und hinter den Bäumen war das Dach eines Bauernhauses zu sehen. Ob es ihr Haus war? Den ganzen Tag über saß Pietro unbeweglich am Fenster. Die Stunden verrannen, ohne dass er es bemerkte. Die Zeit war stehen geblieben. Als er die Frau am Nachmittag plötzlich wieder erblickte, mit dem Eimer in der Hand wie am Morgen, wusste er nicht, ob sie es wirklich war oder ein Geschöpf seiner Fantasie. Jedenfalls kletterte er hastig die Leiter hinunter, um ihr entgegenzugehen. Trotz seiner Eile näherte er sich dem Brunnen instinktiv von der anderen Seite, als käme er vom Berge her.

»Sie sind immer noch hier?«, sagte die Frau mit gespielter Überraschung. »Haben Sie Ihr Gelübde vergessen?«

»Ich habe auf Sie gewartet«, sagte er ehrlich.

»Wussten Sie denn so genau, dass ich wiederkommen würde?«, sagte sie. »Sie sind Ihrer Sache allzu sicher.«

»Nein, wirklich nicht, ich fürchtete sogar das Gegenteil«, sagte er. »Aber ich hoffte, dass Sie wiederkommen würden. Den ganzen Tag habe ich an nichts anderes gedacht.«

»Wo waren Sie denn, wenn ich fragen darf?«, fragte sie.

»Dort oben, im Wald«, sagte er. »Die ganze Zeit habe ich auf Ihr Haus bei den Obstbäumen hinuntergesehen.«

»Haben Sie auch die vergangene Nacht im Wald verbracht?«, fragte sie. »Das ist nicht angenehm in dieser Jahreszeit. Was werden Sie tun, wenn es regnet?«

»Ich hoffe, dass Sie mir ein besseres Obdach bieten werden«, sagte er. Jetzt war es ein Spiel mit offenen Karten. Die Frau antwortete nicht, und er fuhr fort:

»Wohnt außer Ihnen noch jemand im Hause?« Seine Stimme zitterte, und er zwang sich zu einem höflichen Lä-

cheln, um den Eindruck seiner allzu direkten Frage abzu-
schwächen.

»Meine Schwiegermutter«, sagte sie.

»Schwiegermütter pflegen um eine gewisse Zeit einzuschlafen«, sagte er.

»Nicht übel für einen Pilger«, erwiderte sie lachend. Nach
einer kleinen Weile fuhr sie fort. »Wir haben auch einen
Hund. Der schläft am Tag und löst die Schwiegermutter ab.«

»Also erwarte ich dich hier«, sagte er. »Die Abende sind
schon milde, aber lass mich nicht zu lange warten.«

»Hast du solche Eile?«, fragte die Frau.

»Alleinsein ist langweilig«, sagte er.

Sie vergaß alle Vorsicht und lachte laut auf:

»Du könntest ja den Rosenkranz beten«, sagte sie.

»Sobald es dunkel ist, bin ich hier«, sagte er. »Lass mich
nicht warten.«

An diesem Abend erschien Cardile später als gewöhnlich
auf dem Heuboden. Der Tageslauf des Bauern richtet sich
nach dem Wetter, und es wäre töricht, einen sonnigen April-
tag nicht auszunutzen. Pietro war schon ungeduldig.

»Ich finde, du siehst viel besser aus«, sagte Cardile. »Es
freut mich, dass die Luft in meinem Stall dir guttut.«

»Ja, ich fühle mich wie ein neuer Mensch«, sagte Pietro.
»Aber in der letzten Nacht habe ich wenig geschlafen, weil
ein Hund so viel gebellt hat. Wer wohnt in dem Haus dort
hinter den Obstbäumen?«

»Eine Cousine von mir mit ihrer Schwiegermutter«, sagte
Cardile. »Ihr Mann arbeitet zurzeit in der Zuckerfabrik.«

»Was sind das für Leute?«, fragte Pietro.

»Man kann ihnen nicht trauen«, sagte Cardile. »Wir ver-
kehren kaum miteinander.«

»Entschuldige, ich bin müde«, sagte Pietro. »Hoffentlich lässt dieser Hund mich heute Nacht in Frieden.«

Kaum hatte Cardile sich entfernt, so stieg Pietro die Leiter hinunter und lief direkt zum Brunnen. Diesmal bemühte er sich nicht mehr, die Richtung zu verschleiern, aus der er kam.

Die junge Frau war schon beim Brunnen.

»Sie lassen auf sich warten«, sagte sie.

»Ich konnte nicht früher kommen«, sagte er. »Ich sah einen Mann bei dem Stall hier in der Nähe und wollte nicht von ihm gesehen werden.«

»Das ist mein Vetter«, sagte sie. »Es war richtig, dass Sie ihm aus dem Wege gegangen sind.«

»Was für eine Art Mensch ist er denn?«

»Man kann ihm nicht trauen.«

»Gut, dass du von anderer Art bist«, sagte er.

»Was weißt du denn davon? Bist du so sicher?«

»Und deine Schwiegermutter? Hat sie dir Ausgang gegeben?«

»Ich habe die Erlaubnis erhalten, wegen einer Besorgung ins Dorf zu gehen«, antwortete sie. »Aber ich kann nicht lange fortbleiben. Wenn ich zurückkomme, muss ich ihr Gute Nacht sagen.«

Auf der Erde stand eine große Strohflasche.

»Ich habe dir etwas zu trinken mitgebracht«, sagte sie.

»Vielen Dank«, sagte er. »Wir werden nachher trinken. Eben verlangt es mich nach etwas anderem, nicht nach Wein.«

»Du bist wohl lange nicht mit einer Frau zusammen gewesen«, sagte sie. »Nicht so stürmisch. Nicht hier, siehst du denn nicht, dass die Erde ganz feucht ist? Lass uns dort unter den Baum gehen, da ist es trocken.«

»Wie heißt du?«, fragte Pietro.

»Margherita«, sagte die Frau. »Und du? Nein, du sollst mir nicht antworten, es wäre nur wieder eine neue Lüge.«

»Habe ich denn schon gelogen? Hältst du mich für einen Lügner?«, fragte er.

»Du bist kein Pilger«, sagte die Frau lächelnd.

»Da hast du recht«, sagte er. »Aber das war keine Lüge, das habe ich nur so gesagt.«

Sie lagen nebeneinander im Gras. Etwas von der Wärme des Tages lag noch in der Luft. Das Dorf am Fuße des Hügels war nur noch ein Häuflein schwach blinkender Lichter.

»Es ist schön hier«, sagte Pietro.

»Wollen wir wetten, dass ich deinen Namen errate?«, fragte die Frau.

»Warum?«, sagte er. »Wenn du richtig rätst, war es nicht der Mühe wert, denn meinen Namen kenne ich selbst. Und wenn du dich irrst, haben wir unnötig Zeit verloren. Willst du das?«

»In den letzten Tagen«, sagte die Frau, »haben die Carabinieri alle Häuser ringsum durchsucht. Hier in der Gegend hält sich ein Flüchtling versteckt, so haben sie uns erklärt. Wenn er euch aufsucht und um Unterkunft oder Essen bittet, dann tut so, als wolltet ihr ihm helfen, und zeigt ihn sofort der Polizei an.«

»Hast du mich schon angezeigt?«, fragte Pietro.

»Er ist ein Feind der Regierung, haben die Carabinieri gesagt, und wer ihn anzeigt, erhält eine Belohnung«, fuhr die Frau fort. »Im Dorf wird viel von dir geredet, dein richtiger Name ist Pietro.«

»Lockt dich die Belohnung, oder willst du lieber eine andere, wie ich sie dir geben kann?«

Margherita zuckte zusammen. Mit einer heftigen Bewegung zog sie ihren Arm zurück, auf dem Pietros Kopf lag, setzte sich auf und strich ihr Kleid glatt.

»Verzeih mir«, sagte Pietro. »Ich bin ein Idiot.«

»Dachtest du, dass eine Frau wie ich nur dann einen Flüchtling nicht verrät, wenn sie mit ihm schlafen will?«, sagte Margherita.

»Bitte verzeih mir«, sagte Pietro.

»Ob du es glaubst oder nicht«, sagte Margherita, »wenn sich statt deiner eine Frau in deiner Lage befände, würde ich mich nicht anders verhalten.«

»Ich glaube dir, Margherita, du musst mich entschuldigen«, sagte Pietro.

»Weißt du, wer mich das gelehrt hat?«, sagte Margherita. »Als ich ein Kind war, haben wir mehrere Monate lang einen entsprungenen Häftling in unserem Haus versteckt gehalten, einen unbekannten, unglücklichen Menschen. Den Verfolgten zu helfen, sagte mein Vater immer, ist die erste Christenpflicht, es ist ein Gebot der Ehre.«

Sie hielt inne und fügte dann hinzu:

»Es mag freilich seltsam klingen, dass gerade ich in diesem Augenblick von Ehre spreche.«

»Du hast in dem Sinn davon gesprochen, den ich am höchsten achte«, sagte Pietro.

Eine Weile lagen sie schweigend nebeneinander, dann berührten sich ihre Gesichter wieder.

»Deine Lippen schmecken nach Milch«, sagte Margherita. »Sag mir, ist es wahr, dass du hier in der Gegend zu Hause bist? Ich habe das erzählen hören.«

»Was hast du sonst noch gehört?«

»Dass deine Familie wohlhabend ist, dass du Vater und

Mutter beim Erdbeben verloren hast und dass du etwas verrückt bist«, sagte Margherita. »Warum führst du dieses gefährliche Leben?«

»Du hast vorhin von Ehre gesprochen«, sagte Pietro. »Auch ich habe ein gewisses Gefühl dafür, und das gebietet mir, so zu leben.«

»Willst du deiner Großmutter eine Nachricht zukommen lassen?«, fragte Margherita. »Ich könnte sie aufsuchen. Sie soll eine ungewöhnliche Frau sein, wie man sagt.«

»Seit vielen Jahren habe ich alle Beziehungen zu meiner Verwandtschaft abgebrochen«, sagte Pietro. »Es ist nicht leicht, aber ich glaube, damit muss man den Anfang machen.«

»Was für ein merkwürdiger Gedanke«, sagte Margherita. »Das ist doch nicht möglich, du bist ja kein Findling.«

»Die einzige Verwandtschaft, die noch für mich zählt«, sagte Pietro, »ist die Verwandtschaft der Seelen. So wie die, die eben zwischen uns beiden entstanden ist.«

Margherita war nachdenklich geworden.

»Das begreife ich«, sagte sie. »Es stimmt, was du eben gesagt hast, und ich empfinde das Gleiche für dich. Hör zu, Pietro, ich will dir einen Vorschlag machen.«

Sie erhob sich und strich ihre Haare glatt. Dann streckte sie ihm die Hand hin und half ihm beim Aufstehen.

»Lass uns auseinandergehen, ohne dass etwas geschehen ist. Nach dem, was du mir eben gesagt hast, kommt es mir richtiger vor. Du bist einverstanden, nicht wahr? Das ist gut.«

Es entstand eine kleine Pause.

»Aber was sehe ich?«, fuhr sie dann fort. »Du hast ja noch gar nicht meinen Wein versucht.«

Pietro hob die Flasche und tat einen langen Schluck.

»Der Wein ist stark«, sagte er. »Trink du auch.«

Margherita stand ihm nicht nach. Der Wein gurgelte im Flaschenhals, und das Bächlein murmelte dazu. Das harmonische Duett dauerte an, bis kein Tropfen Wein mehr übrig war.

»Wie viel war in der Flasche?«, fragte Pietro.

»Drei Liter«, sagte Margherita. »Jetzt muss ich gehen.«

»Ich begleite dich bis zum Obstgarten«, sagte Pietro.

»Das wäre zu unvorsichtig«, sagte Margherita. »Unser Hund ist nachts nicht an der Kette, und er könnte dir folgen.«

Sie trennten sich, ohne einander Lebewohl oder auf Wiedersehen zu sagen. Erst als Pietro sie am Ende des Fußweges verschwinden sah, überkam ihn eine große Traurigkeit. Er setzte sich ins Gras und begann zu weinen.

NEBBI'A LA VALLE / NEBEL IM TAL

Volkslied aus den Abruzzen

Das Lied erzählt von der »Transumanza«, dem großen Schafherdentrieb. Seit Jahrtausenden wurden bei Herbstbeginn Millionen Schafe aus der rauen Bergwelt der Abruzzen hinunter an die wärmere Küste Apuliens oder in die »Maremma romana« getrieben. Erst im Mai trieben sie ihre Herden wieder zurück in die Berge. Solange blieben die Männer von ihren Familien getrennt. Das Lied »Nebbi'a la valle« erzählt von dem traurigen Abschied.

NEBBI'A LA VALLE

Nebbi' a la valle nebbi' a la muntagne
Ne le campagne nun ce sta nesciune
Addije, addije amore
Casch'e se coije … la live
Casch'a l'albere li foije
Casche la live e casche la genestre
Casche la live e li frunne genestre
Addije, addije amore
Casch'e se coije … la live
Casch'a l'albere li foije

NEBEL IM TAL

Der Nebel zieht durch das Tal und durch die Berge
Die Felder sind verwaist
Addio, addio Amore
Der Winter naht, die Oliven werden aufgesammelt
Und die Blätter fallen von den Bäumen
Die Oliven fallen, und der Ginster verblüht
Die Oliven fallen, und der Ginster verblüht
Addio, addio, Amore
Der Winter naht, die Oliven werden aufgesammelt
Und die Blätter fallen von den Bäumen

DIE BEERDIGUNG MEINES VATERS

von Dario Fo

MEIN VATER STARB im schönen Alter von neunzig Jahren, Anfang 1987. Er starb leicht und heiter, fast unerwartet, aber er hatte für seine Beisetzung jedes Detail geplant, angefangen bei der Kapelle, die seinen Leib zum Friedhof von Luino begleiten sollte.

Der Dirigent der kommunalen Blechbläser war ein alter Freund von ihm. Einige Monate zuvor hatte Papa ihn besucht und mit ihm vereinbart, welche Musikstücke geprobt werden mussten. Er hatte sogar die Partituren der Märsche herausgesucht und mitgebracht. Es war ein Potpourri aller Partisanenlieder der Täler, die auf den See zuliefen, einschließlich des Ossola-Tales und Umgebung, wo die schwersten Kämpfe gegen die Deutschen und die Schwarzhemden stattgefunden hatten.

Das erste Stück war »Val Sesia«, ein langsames Stück, mächtig wie der Fluss in jenem Tal. Ihm folgte der Marsch der Partisanen vom Val Comeggia, der mehr wie ein Tanzlied klingt, nicht wie eine patriotische Hymne. Danach das berühmte Lied »Wenn uns nicht die deutschen Krücken schnappen, wenn wir nicht den Schwarzen in die Falle tappen« aus dem Val Vigezzo und das unvermeidliche »Bella ciao«. Zum Schluss sollte unser »Leb wohl, Lugano« erklingen.

Eine halbe Stunde vor Beginn der Feier war der kleine Platz, an dem wir wohnten, voller Menschen. Die Gewerkschaften waren da, die Sozialisten, die Kommunisten mit ihren Fahnen und die Nachkommen jener Juden, denen mein Vater zur Flucht in den Kanton Tessin verholfen hatte. Auch die Anarchisten hatten eine kleine Delegation geschickt.

Die Eisenbahner waren die größte Gruppe, aber es gab auch Grenzpolizisten und, etwas abseits, eine Abordnung der letzten überlebenden Schmuggler von Pino. Als der Sarg aus dem Haus getragen wurde, standen die Menschen dicht gedrängt bis in die Seitenstraßen der Piazza hinein, und überall stachen rote Fahnen hervor.

Die Zeit drängte. Die Strecke zum Friedhof war ziemlich lang. Die Kapelle übernahm sofort den Anfang der Prozession und stimmte das »Val Sesia« an. Gleich dahinter kam der Sarg, gefolgt von der Familie, Kindern, Enkeln, Tanten, Onkels, dann Fahnen und Standarten nach Gutdünken … ein Fahnenmeer. Kein Priester, keine Betschwestern. Die Kapelle hatte schon einen Kilometer hinter sich, und das Ende der Prozession hatte sich noch nicht in Bewegung gesetzt.

Am See entlang schritten sie und erreichten die große Kurve, die zum Hügel hinaufführt. Dort oben schaute, hinter einem steilen Granitfelsen versteckt, die romanische Kirche mit ihrem riesigen Glockenturm hervor. Jetzt spielte die Kapelle den heiteren Marsch, und der Trauerzug tanzte ein wenig. Die Musiker verlängerten den Schritt, wiegten sich in den Hüften und begleiteten so das Allegro con brio des Stücks, das sie gerade spielten. Etliche vergaßen fast den traurigen Anlass, deuteten Tanzschritte an, doch dann besannen sie sich wieder.

Ich stellte mir vor, mein Vater schaute von irgendwo herunter, amüsierte sich, und seufzte glücklich.

Wir überquerten den Platz vor dem alten Rathaus. Die Kapelle schmetterte das »Bella ciao« und fiel in einen leichten Dauerlauf, die Sargträger beschleunigten ebenfalls, und mit ihnen war auch der Trauerzug gezwungen, die Beine zu bewegen. Es folgte ein Hüpfmarsch, die Fahnen flatterten. Neugierige standen am Straßenrand und klatschten Beifall.

»Warum lauft ihr so schnell? Wen tragt ihr zu Grabe?«

»Einen Eisenbahner. Er will wenigstens einmal im Leben pünktlich sein!«

Nun waren wir auf der Höhe der romanischen Kirche. Vor dem Portikus hatte sich eine andere große Menschenmenge versammelt, doch nicht wegen der Beisetzung meines Vaters. Sie warteten auf Piero Chiara, den berühmten Verfasser satirischer Romane, die alle in Luino spielen. Sein Leichnam sollte aus Varese eintreffen, wo Chiara vor einigen Tagen verstorben war, hatte jedoch Verspätung.

Die Wartenden sahen unseren imponierenden Trauerzug, ein rotes Fahnengewimmel, dazu als Kontrapunkt anarchistische Feldzeichen, und riefen sich zu:

»Das muss er sein, gewiss doch! Dieser alte Popenfresser! Nie hätte er eine Prozession von Priestern und Monsignori hinter sich geduldet! Rot war er und rot zieht er zu Grabe!«

Und so stiegen sie, ohne ein weiteres Wort, die Stufen hinab und schlossen sich der Fahnen schwenkenden Menge an, die dem Rhythmus der Fanfaren folgte. Manch einer flüsterte sogar die Worte der ersten Strophe mit:

Meine Mutter hat zu mir gesagt:
Geh niemals in die Berge rauf.
Da gibt's nur Maisbrei und Kastanien.
Das stößt dir sauer auf!

Nach dreihundert Metern erreichte die Menge den Friedhof und wogte durch das Tor. Unten vor der Kirche stand inzwischen der Sarg mit der Leiche von Piero Chiara, aber niemand erwartete ihn mehr. Nur der Küster betrachtete die Szene und sagte lächelnd:

»Bis vor Kurzem stand hier eine Menge Leute, aber dann sind sie doch alle zur Beerdigung des Stationsvorstehers gegangen!«

Der Chauffeur des Leichenwagens brauste mit den Messdienern hinterher und erreichte die Trauergemeinde des verstorbenen Dichters gerade noch, bevor sie im Friedhof verschwinden konnten:

»He! Das ist die falsche Leiche! Euer Sarg ist hier, in meinem Wagen! Zurück zur Kirche!«

»O, wie peinlich! Kommando zurück! Wir müssen wieder runter!«

Ein Durcheinander, einige Flüche, großes Gelächter. Leute, die den Berg wieder hinunterlaufen, die Arme ausbreiten und sich einiges zurufen.

Und dazu wieder der kleine Marsch:

Meine Liebste hat zu mir gesagt:
Geh nicht zu den Rebellen.
Sonst wird mein langes weiches Haar
Dir nicht als Kissen dienen!

Wenn ihr glaubt, dieses verrückte Hin und Her sei ein Ausbund meiner krankhaften Fantasie, so besorgt euch den »Corriere della Sera« vom 4. Januar 1987. Dort findet ihr den Bericht über diese Burleske, die sich vermutlich mein seliger Vater Felice hat einfallen lassen.

ADDIO A LUGANO / LEB WOHL, LUGANO

von Pietro Gori, 1895

Pietro Gori hat den Text 1895 geschrieben, nachdem die italienischen Anarchisten auf Druck des italienischen Königs aus der Schweiz vertrieben wurden; die Melodie stammt aus der Toskana. Diese Version entspricht Goris handgeschriebener Fassung aus dem historischen Archiv von Portoferraio.

ADDIO A LUGANO

Addio Lugano bella o dolce terra pia
Cacciati senza colpa gli anarchici van via
E partono cantando con la speranza in cuor
E partono cantando con la speranza in cuor

Ed è per voi sfruttati per voi lavoratori
Che siamo incatenati al par dei malfattori
Eppur la nostra idea è solo idea d'amor
Eppur la nostra idea è solo idea d'amor

Anonimi compagni, amici che restate
Le verità sociali da forti propagate
E questa la vendetta che noi vi domandiam
E questa la vendetta che noi vi domandiam

Ma tu che ci discacci con una vil menzogana
Repubblica borghese und un dì ne avrai vergogna
Noi oggi ti accusiamo in faccia all'avvenir
Noi oggi ti accusiamo in faccia all'avvenir

Cacciati senza tregua andrem di terra in terra
A predicar la pace ed a bandir la guerra
La pace tra gli oppressi, la guerra agli oppressor
La pace tra gli oppressi, la guerra agli oppressor

LEB WOHL, LUGANO

Leb wohl, schönes Lugano, süßes, frommes Land
Getrieben ohne Schuld gehen die Anarchisten fort
Fahren singend mit Hoffnung im Herzen davon
Fahren singend mit Hoffnung im Herzen davon

Für Euch Ausgebeutete, für Euch Arbeiter
Sind wir gefesselt wie die Verbrecher
Trotzdem ist unsere Idee nur die Idee der Liebe
Trotzdem ist unsere Idee nur die Idee der Liebe

Ihr, liebe Genossen, Freunde, die Ihr hier bleibt
Verbreitet mit Elan die sozialen Wahrheiten
Dies ist die Rache, um die wir euch bitten
Dies ist die Rache, um die wir euch bitten

Aber Du, die Du uns verjagst mit einer feigen Lüge
Bürgerliche Republik, du wirst dich schämen
Wir beschuldigen dich jetzt und für alle Zeiten
Wir beschuldigen dich jetzt und für alle Zeiten

Als Vertriebene ziehen wir von Land zu Land
Predigen Frieden und ächten den Krieg
Friede den Unterdrückten, Krieg den
    Unterdrückern
Friede den Unterdrückten, Krieg den
    Unterdrückern

Elvezia il tuo governo schiavo d'altrusi si rende
D'un popolo gagliardo le tradizioni offende
E insulta la leggenda del tuo Guglielmo Tell
E insulta la leggenda del tuo Guglielmo Tell

Addio cari compagni amici luganesi
Addio bianche di neve montagne ticinesi
I cavalieri erranti son trascinati al nord
E partono cantando con la speranza in cuor

Helvetia, Deine Regierung macht sich zum Sklaven
Bricht mit der Tradition des stolzen Volkes
Und beleidigt die Legende deines Wilhelm Tell
Und beleidigt die Legende deines Wilhelm Tell

Lebt wohl, liebe Genossen, Freunde aus Lugano
Lebt wohl, ihr schneeweißen Tessiner Berge
Die Kreuzritter sind nach Norden gezogen
Fahren singend mit Hoffnung im Herzen davon

ACH, DIE FRAUEN

von Alberto Moravia

ALS ICH ERMINIO, einen Vetter von mir aus Viterbo, der zum ersten Mal nach Rom kam und alles und alle sehen wollte, durch die ganze Stadt schleifen musste, schlug ich ihm eines Abends vor, ins Kino zu gehen. Wir waren an der Piazza Mastai, und so ging ich zum Kiosk, in der Absicht, eine Zeitung zu kaufen, um nachzuschauen, welche Filme gerade liefen. Fiammetta, die Zeitungsverkäuferin, war gerade dabei, zu schließen und nach Hause zu gehen, doch um mir einen Gefallen zu tun, holte sie aus einem Stapel eine Zeitung heraus und gab sie mir mit der Bemerkung: »Wenn du dich beeilst, brauchst du sie nicht zu bezahlen, ich nehme sie wieder zurück.« So schlug ich also die Zeitung auf und sagte zu Erminio: »Ich glaube, viel Auswahl haben wir nicht«, doch mit einem Mal bemerkte ich, dass er mir überhaupt nicht zuhörte, sondern Fiammetta anstarrte. Haben Sie Fiammetta jemals gesehen? Wenn Sie sie noch nie gesehen haben, dann gehen Sie zur Piazza Mastai, und dort werden Sie einen großen Kiosk sehen, der vollgehängt ist mit Zeitungen und Zeitschriften, und inmitten all dieser Zeitungen und Zeitschriften gleichsam einen Bühnenrahmen aus Zeitungen und Zeitschriften und in diesem Bühnenrahmen ein Frauengesicht, ein wunderschönes

Oval, umrahmt von blonden Locken, mit himmelblauen Augen, einem winzigen Näschen und bezaubernden roten Lippen. Es wirkte wie das Gesicht einer dieser Puppen, die mit den Augen klimpern, ihre kleinen Zähnchen zeigen und Papa und Mama sagen können. Das ist Fiammettas Gesicht, und meistens ist es über irgendeine Illustrierte gebeugt: Da sie den ganzen Tag zwischen Zeitungen und Zeitschriften verbringt, hat sie sich angewöhnt zu lesen. Doch wenn Sie von ihr eine Zeitschrift verlangen, die sie nicht in Reichweite hat, sondern die draußen hängt, kommt sie aus ihrem Kiosk heraus wie ein Puppenspieler aus seinem Häuschen, mit zögernden Schritten, und da werden Sie sich wundern, wie so viel gottbegnadete Anmut zwischen den Bergen von bedrucktem Papier auf einem Stühlchen zusammengekauert sitzen kann. Denn Fiammetta hat eine herrliche Figur, eben wie eine dieser schönen Puppen, bei der alle Teile perfekt geformt sind, Arme, Schultern, Hüften, Beine und so weiter. Fiammetta war von seltener Schönheit, und wer kennt sie nicht? Und wer weiß nicht, dass sie seit Jahren schon mit Ettore verlobt ist, dem Barmann des Cafés an der Piazza Mastai, der sie von seinem Tresen aus durch die Scheiben von morgens bis abends überwachen kann? Alle wissen es, alle außer eben jemand wie Erminio, der nicht aus dem Viertel, ja nicht einmal aus Rom war, sondern aus Viterbo.

Nun, als ich sah, dass er mir nicht zuhörte, sondern Fiammetta mit deutlich ins Gesicht geschriebenem Verlangen ansah, sagte ich mit zusammengebissenen Zähnen: »Fiammetta, das ist mein Vetter Erminio.« Fiammetta stapelte gerade die Zeitungen im Kiosk; doch sie kam heraus, um Erminio die Hand zu schütteln, wobei sie ihm ein strahlendes Lächeln schenkte und ihm zugleich einen zärtlichen Blick aus ihren großen blauen Augen zuwarf: weibliche Koketterie, die Fiammetta jedem reichlich zukommen ließ und der schon seit Langem niemand mehr Beachtung schenkte. Doch das wusste Erminio nicht, und er fing sofort Feuer, wie ich an seinem verwirrten Gesichtsausdruck erkennen konnte. Fiammetta hatte unterdessen den Kiosk geschlossen und wollte einen dicken Packen Zeitschriften, der mit einer Schnur zusammengebunden war, vom Boden aufbeben. Hilfsbereit sagte Erminio sofort: »Wenn Sie wollen, trag' ich sie Ihnen.« Ein erneutes Lächeln, ein erneuter Blick Fiammettas: »Vielen Dank, aber ich habe einen weiten Weg.« Und er: »Aber ich bitte Sie, es ist mir ein Vergnügen.« Fiammetta blickte zögernd zur Bar auf der anderen Seite des Platzes hinüber, wo man durch die Scheiben undeutlich die kräftige Gestalt von Ettore erkennen konnte, der hinter dem Tresen stand, und war dann einverstanden: »Na schön, also dann, vielen Dank.« Da schaltete ich mich ein: »Und das Kino?« Erminio jedoch, hastig: »Alessandro, wir sehen uns morgen; ins Kino gehen wir ein anderes Mal.« Und so machten sie sich auf den Weg, sie groß, er klein, sie aufrecht und ein wenig steif, wie eine Puppe eben, er ganz ihr zugewandt, es sah aus, als tanzte er Tarantella. Am liebsten hätte ich ihm zugerufen: »Halt dich zurück, engagier dich nicht zu sehr, Fiammetta ist verlobt und wird bald heiraten«; doch dann sagte ich mir, dass sei schließlich ihre Sache, zuckte mit den Achseln, überquerte den Platz und betrat die Bar. Während er die Hebel der Kaffeemaschine bediente, fragte mich Ettore, und sein schnurrbärtiges Gesicht (er hat eine Hasenscharte, was ihm ein bedrohliches Aussehen verleiht) war finster: »Wer ist denn dieser Kerl, der da mit Fiammetta weggegangen ist?« Hastig antwortete ich: »Ach, niemand, nur ein Vetter von mir aus Viterbo, morgen früh fährt er wieder weg.«

Mit seinen kräftigen Armen drückte er die Hebel herunter und sagte dann: »Fiammetta fällt auf jeden dahergelaufenen Dreckskerl herein ... damit will ich deinen Vetter nicht beleidigen ..., aber langsam könnte sie damit aufhören.«

Ich wohne allein mit meiner Mutter in der Via della Lungarina, in einer Zweizimmerwohnung mit Küche. Für Erminio hatten wir ein Feldbett in die Küche gestellt, um hinzukommen, musste er durch mein Zimmer. In jener Nacht wartete ich eine ganze Weile auf seine Rückkehr, schließlich verfluchte ich die Vettern aus Viterbo und versuchte einzuschlafen. Plötzlich wurde ich von jemandem geweckt, der mich am Arm rüttelte, automatisch sah ich auf den Wecker, der auf dem Nachttisch stand, und sah, dass es fünf war. Mit einem Ruck setzte ich mich auf und sagte: »Was ist los?« Am Fußende meines Bettes saß Erminio und lächelte mich, wie mir schien, gequält an. Ich sagte: »Bist du verrückt geworden, mich um diese Zeit zu wecken?« Und er: »Ich hab' dich geweckt, um dir etwas sehr Wichtiges mitzuteilen.« »Was gibt es denn so Wichtiges?« »Es ist wirklich wichtig: Ich heirate Fiammetta.« Ich fuhr in meinem Bett hoch und sagte: »Du bist wohl besoffen.« Und er: »Nein, ich bin nicht besoffen. Gestern Abend waren Fiammetta und ich ein paar Stunden zusammen, und schließlich ist mir klar geworden, dass sie genau die Richtige für mich ist, und da hab ich sie gefragt, ob sie meine Frau werden wolle, und sie hat Ja gesagt.« »Sie hat Ja gesagt?« »Ja, na ja, so gut wie.« »Aber sie ist doch mit Ettore, dem Barmann, verlobt, hat sie dir das nicht gesagt?« »Doch, sie hat es mir gesagt, aber ich hab ihr klargemacht, dass er nicht der Richtige für sie ist, und da hat sie mich gebeten, ihr noch ein bisschen Zeit zu lassen, damit sie es sich überlegen und mit ihm Schluss machen kann.« Ich sah ihn fassungslos an, ich hatte das Gefühl, immer noch zu schlafen, und alles sei nur ein Traum, ruhig fuhr er fort, es sei sozusagen Liebe auf den ersten Blick gewesen, er und Fiammetta seien geradezu füreinander geschaffen, sie hätten dieselben Vorlieben, sogar das Land liebe sie, und sie würde zu ihm aufs Land ziehen, sobald sie verheiratet seien. Schließlich sagte er: »Also, ich lasse dich jetzt allein. Ich bin die ganze Nacht herumgelaufen, vor Freude konnte ich nicht schlafen, aber jetzt bin ich müde«, und er ging und ließ mich allein, und ich war mir immer noch nicht sicher, ob ich wach war oder träumte.

Am nächsten Morgen ging ich schnurstracks zur Piazza Mastai. Von Weitem sah ich im Kiosk Fiammettas blonden Köpf, vornübergebeugt: Wie gewöhnlich las sie. Ich ging zu ihr und sagte, während ich ihr das Geld für die Zeitung reichte: »Na, jetzt wird wohl bald Hochzeit gefeiert.«

Sie hob den Kopf und lächelte mir zu: »Nein, so bald noch nicht, in vier Monaten.«

»Na, die vergehen schnell. Ich freu mich, ich freu mich wirklich. Es tut mir nur leid, dass du Rom verlässt und uns arme Leute aus Trastevere vergessen wirst.«

Sie riss die Augen auf: »Rom verlassen? Wieso denn das?«

»Na, er wohnt doch in Viterbo.«

»Wer, er?«

»Mein Vetter Erminio.«

»Was hat denn Erminio damit zu tun?«

Plötzlich wurde mir klar, dass da ein Missverständnis vorlag, und ich erzählte ihr alles. Sie hörte mir zu und sagte dann: »Dein Vetter ist verrückt. Es stimmt zwar, dass wir gestern Abend zusammen gewesen sind, und es stimmt auch, dass er verrückt genug war, mich schließlich zu fragen, ob ich ihn heiraten will. Aber ich hab ihm gleich gesagt, dass ich verlobt bin und dass er sich das aus dem Kopf schlagen soll. Schon deswegen, weil ich auf dem Land leben müsste.«

»Aber er hat mir doch gesagt, du wärst begeistert vom Leben auf dem Land.«

»Ach was, keine Spur.«

So stimmte es also vorn und hinten nicht. Fiammetta bemerkte aber schließlich noch: »Wenn ich's mir richtig überlege, dann hat er im Weggehen gesagt: ›Ich kann mich also darauf verlassen, dass du zwischen Ettore und mir wählen wirst‹, und da ich mir den Mund fusselig geredet hatte, um ihm zu erklären, dass davon überhaupt keine Rede sein kann, gab ich ihm keine Antwort und zuckte mit den Achseln. Er wird mein Schweigen als Zustimmung aufgefasst haben.«

Ich sagte zu ihr: »Du wirst nicht nur mit deinem Schweigen zugestimmt haben, sondern auch mit deinem Mund und deinen Augen, durch dein Lächeln und deine Blicke. Mich würde wirklich interessieren, warum du so kokett bist.«

»Ich bin einfach liebenswürdig, doch nicht kokett.«

Danach ging es weiter, wie es angefangen hatte. Erminio traf Fiammetta und teilte mir dann mit, dass es nun beschlossene Sache sei und dass sie nur noch nicht genau wisse, wie sie mit Ettore Schluss machen solle; Fiammetta dagegen erzählte mir, nichts von alledem sei wahr, Erminio habe ihr Worte in den Mund gelegt, die sie nicht im Traum gesagt habe, und verwechsle Höflichkeit mit Liebe, Ettore seinerseits sah rot und drohte, so waren seine Worte, mit einem Blutbad. Unterdessen sollte ich für meinen Onkel mit einem Lastwagen voll Ziegelsteine nach Terni fahren. Und so sagte ich eines Morgens zu Erminio: »Jedes gute Spiel darf sich nicht in die Länge ziehen, und außerdem muss ich weg. Du kommst jetzt mit mir zur Piazza Mastai, in die Bar, und sprichst dich mit Ettore und Fiammetta aus.« Er erwiderte: »Nichts lieber als das.«

Wir gingen zur Piazza Mastai, und ich holte Fiammetta aus ihrem Kiosk, nahm sie beim Arm, nahm auch Erminio beim Arm und betrat dann die Bar mit den Worten: »Ettore, hier kommt das Brautpaar.«

Es war früh am Morgen, und die Bar war menschenleer. Ettore kam sofort hinter dem Tresen hervor und rief: »He, keine Witze, was für ein Brautpaar?«

»Setzen wir uns«, sagte ich ruhig. »Und jetzt wollen wir die beiden ein bisschen verhören. Erminio, erzähl uns, was Fiammetta dir gestern Abend gesagt haben soll.«

Und er, unverfroren: »Sie sagte, sie wisse, dass sie zwischen mir und Ettore zu wählen habe, und ich solle ihr lediglich ein bisschen Zeit lassen.«

»Und du, Fiammetta, was hast du dazu zu sagen?«

»Dass ich ihm genau das Gegenteil gesagt hab; dass er sich nicht die geringsten Hoffnungen zu machen braucht.«

»Ja, aber du hast es in einem Ton gesagt, als wolltest du mir zu verstehen geben, ich könnte mir doch Hoffnungen machen.«

»Aber nicht die Spur.«

Jetzt trat Ettore, einem Wildschwein ähnlich, mit seiner Hasenscharte, die seine weißen Zähne sehen ließ, drohend dazwischen. Er war bis jetzt, die Hände in die Hüften gestemmt, stehen geblieben und näherte sich nun Erminio, hielt ihm seine kinderkopfgroße, geschlossene Faust unter die Nase, drehte sie hin und her, als wollte er sie ihm gründlich von allen Seiten zeigen, und sagte dann: »Hier hast du deine Wahl: entweder meine Faust oder zurück nach Viterbo. Und jetzt hau ab …«

»Aber ich …«

»Hau ab, du Mistkerl, sonst gnade dir Gott, auch wenn du Alessandros Vetter bist, der mein Freund ist …«

Nachdem wir die Bar verlassen hatten, rieb Erminio sich die Hände: »Die Sache ist geritzt. Hast du gesehen, wie sie mich angesehen hat? Und wie sie mir zugelächelt hat? Ich fühle es, ich fühl's, wenn ich jetzt am Ball bleibe, wickle ich sie um den kleinen Finger. Ja, die Frauen: Du kennst sie eben nicht so gut wie ich.«

Ich sagte zu ihm: »Hör mal, warum kommst du nicht einfach mit nach Terni? Wir fahren zusammen und amüsieren uns.«

»Ich bitte dich, doch nicht gerade jetzt, wo sie kurz davor ist, sich zu entscheiden. Ich muss unbedingt bleiben und das Eisen schmieden, solange es heiß ist.«

Kurz und gut, ich fuhr noch am selben Nachmittag alleine los. Ich war drei Tage fort und kehrte am Abend des vierten Tages zurück. Zufällig kam ich an der Piazza Mastai vorbei und sah, wie Fiammetta gerade die Zeitungen vom Kiosk abnahm, um ihn zu schließen, wie sie es jeden Tag um diese Zeit zu tun pflegte. Ich ging zu ihr; und sofort sagte sie zu mir: »Es hat mir leidgetan für Erminio. Aber schließlich hat er es ja so gewollt.«

»Was ist denn passiert?«

»Was denn, das weißt du nicht? Ettore und er sind gestern Morgen aneinandergeraten. Zum Glück waren ein paar junge Burschen aus der Autowerkstatt hier nebenan da, die sie auseinandergebracht haben. Aber trotzdem hat er ihm einen Faustschlag versetzt, und danach war Erminios Auge zu und rundherum ziemlich blau.«

»Deine Schuld, wärst du nicht so kokett gewesen.«

»Schuld ist er selbst, warum muss er auch so dickköpfig sein? Weißt du, was er noch zu mir gesagt hat? ›Meine Adresse in Viterbo hast du ja. Sobald du dich entschlossen hast, sag mir Bescheid, notfalls auch telegrafisch.‹«

»Na ja, Liebe macht eben blind.«

»Genau.«

Ein paar Monate später fand schließlich die Hochzeit in der Kirche San Pasquale Bailonne statt. Nach der Trauung sollte das Hochzeitsessen in einer Trattoria in der Nähe, in der Via della Lungarina, stattfinden. Ich schlich mich zusammen mit anderen Gästen aus der Kirche, es regnete, und wir gingen ziemlich schnell. Und da hörte ich, wie mich jemand rief: »Alessandro.«

Ich drehte mich um und sah Erminio, der mir aus einem kleinen Gässchen ein Zeichen machte: »Ich war in der Kirche und hab die Trauung verfolgt. Ich stand direkt beim Altar.«

»War doch eine schöne Messe, oder?«

»Weißt du was? Sie hatte mich bemerkt, obwohl ich mich hinter einer Säule versteckt hatte. Und direkt bevor sie ›Ja‹ zum Priester sagte, hat sie sich umgedreht und mir zugelächelt. Ach, die Frauen. Ich sag dir was: Sie heiratet gegen ihren Willen, und wenn ich wollte, könnte ich in einiger Zeit auch ...«

Ich sagte zu ihm: »In der Liebe zählt das Gefühl. Lass es gut sein. Du hast ihr Gefühl. Und was bleibt Ettore? Der Schein.«

Und er, überzeugt: »Das ist wahr. Aber trotzdem: Versteh einer die Frauen.«

»Ja, die Frauen.«

ALLA RENELLA /
JE HÖHER DER FLUSS STEIGT

anonymer Autor, 18. Jahrhundert

»Alla renella« ist ein »canto del carcerato«, ein Häftlings-
gesang, und ein typisches Lied im römischen Dialekt.
Es geht auf die zweite Hälfte des 18. Jahrhunderts
zurück, als die römischen Gefängnisse mit gemeinen
und politischen Strafgefangenen überfüllt waren. Singen
war für sie die einzige legale Möglichkeit, durch die
Gitterstäbe vor ihren Zellenfenstern mit der Außenwelt
zu kommunizieren: Die Häftlinge durften nicht auf
die Straße hinausrufen, laut singen war jedoch erlaubt.
Mit »la renella« ist der Sand am Flussufer gemeint.
Ein enttäuschter Junge sitzt im Gefängnis. Er erinnert
sich verzweifelt an seine große Liebe und seine Wider-
sacher, deren »kaputte Schuhe er reparieren muss«, an
denen er sich rächen will.

ALLA RENELLA

Alla renella, più cresce er fiume
E più legna vie' a galla
Più v'arrimiro e più
Ve fate bella

Come te posso amà
Come te posso amà
S'esco da sti cancelli
Quarchiduno l'ha da pagà

A tocchi a tocchi la campana sona
Li turchi so' arivati a la marina
Chi c'ha le scarpe rotte l'arrisola
Le mia l'ho risolate stamatina

Come te posso amà …

Amore amore manneme un saluto
Che so' a Reggina Celi carcerato
D'amichi e da parenti abbandonato
Me sembro proprio n'arbero sparuto

Come te posso amà …

JE HÖHER DER FLUSS STEIGT

Je höher der Fluss steigt
Desto mehr Holz treibt am Ufer vorbei
Und je mehr ich dich anschaue
Desto schöner bist du

Wie kann ich dich lieben
Wie kann ich dich lieben
Wenn ich aus diesem Käfig herauskomme
Wird jemand dafür bezahlen müssen

Die Glocken schlagen die Stunde
Die Türken liegen vor der Küste
Kaputte Schuhe muss man reparieren
Meine habe ich gleich heute Morgen repariert

Wie kann ich dich lieben …

Meine Liebe, schick mir einen Gruß
Weil ich im »Regina Celi« inhaftiert bin
Von Familie und Freunden verlassen
Ich komm mir vor wie ein einsamer Baum

Wie kann ich dich lieben …

Se il papa me donasse mezza Roma
E me dicesse »Lassa annà chi t'ama«
Io je direbbe »no, sagra corona
Me tengo chi me ama, tu tiette Roma«

A tocchi a tocchi la campana sona
Li turchi so' sbarcati a la marina
E viva i monticiani e viva Roma
E viva la gioventù trasteverina

Wenn der Papst mir halb Rom schenkte
Und dafür verlangte: »Verlass Deine Geliebte«
Würde ich antworten: »Nein, heiliger Vater
Ich behalte die, die ich liebe, und du behalte Rom«

Die Glocken schlagen die Stunde
Die Türken haben am Ufer angelegt
Es lebe das einfache Volk von Rom
Und es lebe die Jugend von Trastevere

ÜBER ITALIENISCHE MÄNNER

von Franca Magnani

ZU MÄNNERN habe ich immer ein ausgesprochen gutes Verhältnis gehabt (unberufen, toi, toi, toi). Es begann mit meinem Großvater. Der Großvater war ein Italiener, mit all dem Charme, dem Liebenswerten und den stets überraschenden Einfällen, die den italienischen Männern im Allgemeinen nachgesagt werden. Drei Faktoren unterscheiden meines Erachtens die italienischen von den deutschen Männern – drei Merkmale, von denen sich dann all ihr Verführungsvermögen und ihre Schwächen ableiten lassen: Zeit, Fantasie und – die Mamma.

Die italienischen Männer haben immer Zeit für die Frau, die sie interessiert, haben sie keine, so erfinden sie sie. So lässt sich auch die Frage, ob der Italiener fleißig sei oder nicht, nur schwer beantworten: Es hängt von der Zeit ab, die übrig bleibt, nachdem er sich der geliebten Frau gewidmet hat. Der Italiener fasst die Werbung um eine Frau als eine hauptamtliche Tätigkeit auf, er arbeitet nicht halbtags daran. So schmeichelhaft dies für eine Frau sein kann; es hebt die gockelhafte Haltung hervor, die in der Frau ein untergebenes, also nicht ebenbürtiges Wesen sieht.

Fantasie – darin sind die italienischen Männer Weltmeister. Fantasie im Erfinden, Erdenken, Ergrübeln und Herbeiführen von Situationen, in denen sie unweigerlich eine Glanzrolle spielen und die Frau sich im Glanz des Mannes sonnen darf. Fantasie im Erfinden von Komplimenten, von Kosenamen, von kleinen Gesten, die den Alltag zum einmaligen Erlebnis werden lassen. Das Erfolgsgeheimnis so vieler als »Latin Lovers« weltberühmt gewordener Italiener besteht genau darin, nicht in übernatürlichen Leistungen, sondern in der breiten Skala ihrer Ausdrucksmöglichkeiten. Das Aussprechen, Ausschmücken; das Kommunizieren ihres Glücks oder Unglücks – das ist eine unbestreitbare lateinische Gabe. Das hat der italienische Mann von seiner Mamma gelernt, noch in seinen Kinderjahren.

Die »Mamma«, das Verhältnis zu ihr ist die Grundlage, auf der der italienische Mann sein Wesen aufbaut. Die »Mamma« ist nicht etwa das, was für einen Deutschen die Mutter ist, beileibe nicht. Die »Mamma«, das ist die Wärme und das Beschützende in seinem Leben, das ist die Säule, auf der das psychische, seelische und materielle Leben vieler Italiener ruht.

Das Verhältnis des Italieners zur Frau, ist sie einmal geheiratet worden, ist für einen Deutschen kaum fassbar. Mehr als Frau ist sie »La Mamma dei miei figli«, die Mutter meiner Kinder – eine ungemein bevorzugte Stellung, nach Meinung vieler Italiener. Womit ihr in der ganzen Verwandtschaft ein Denkmal gesetzt wird. Die »Mutter meiner Kinder« darf ruhig einmal betrogen werden; das tun die Italiener – glaube ich – ebenso häufig und ebenso selten wie alle Männer auf der ganzen Welt. Nur spricht man hier nicht davon. »Si fa ma non si dice«, lautet ein weiser Volksspruch: Man tut es – verschweigt es aber. Erst wenn es der Partner weiß, taucht für die meisten der Betrug in Form einer Gewissensfrage auf. Im Allgemeinen betrügen die Italiener mit ebenso viel Fantasie wie sie lieben; also erfahren es die wenigsten Frauen. Was das Leben sicher vereinfacht. Das Recht zu betrügen beanspruchen hier die meisten Männer nur für sich; die Frau, die eigene natürlich, muss makellos sein, so wie es die eigene Mutter ist. Denn einen italienischen Mann betrügen heißt sein Ehrgefühl verletzen; heute sagt man »frustrieren«. Ein gehörnter Mann ist hier lächerlich, eine gehörnte Frau wird bemitleidet; beides ist unangenehm. Trotz aller theoretischen Äußerungen, zu denen sich manche hinreißen lassen: Der Frau wird in den seltensten Fällen dieselbe Freiheit gewährt, die der Mann sich nimmt. Da der Italiener in den meisten Fällen unbewusst das Bild seiner Mutter mit sich herumträgt, opfert er das Verhältnis zu seiner Frau – unbewusst – dem Idol der Mutter; er »achtet« seine Gattin mehr als Mythos denn als Frau, da die Familie ein Kern ist, der in der auseinanderfallenden Gesellschaft noch Bestand hat. Da der italienische Mann eitel ist (nicht nur äußerlich legt er Wert darauf, »bella figura« zu machen), wird mit einem Seitensprung seiner Frau – von dem man weiß – seine Machtstellung in der Gesellschaft angegriffen. Da er eitel ist, darf dies nicht geschehen. Die Frau hat ja auch ihren eigenen Machtbereich, die Familie. Dort regiert sie als absolute Monarchin, diese weibliche Machtstellung erklärt zum guten Teil die Schwierigkeiten, auf die die Frauenemanzipation in Italien stößt. Zwischen Mann und Frau gibt es eine stillschweigende und beiderseitig seit Urzeiten akzeptierte Verteilung der Machtzentren: er Gesellschaft, sie Familie. Insofern ist es falsch, immer nur von der mangelnden Frauenemanzipation zu sprechen, denn die Emanzipation der Männer ist genauso wenig verwirklicht.

Findet man aber einen Mann, einen italienischen Mann, der diese atavistischen Grundübel, also die Auffassung von Familie als Klan und von der Frau allein als »Mutter meiner Kinder«, überwunden hat, findet man also einen Mann, der auch psychologisch ein Europäer geworden ist, dann übertrifft – nach meiner persönlichen Erfahrung – das Leben mit einem italienischen Mann alles, was das Leben in dieser Hinsicht sonst zu bieten hat.

STORNELLATA A DISPETTO / SPOTTGESANG

Mario Di Leo, 2011

Die »Stornellata a dispetto« ist die ironische Form eines Liebesliedes. Mann und Frau tragen es im Wechsel vor: Der Mann macht den Auftakt und bezirzt die Frau, oder sagen wir so: er versucht es. Denn sie, von seinem Gesäusel unbeeindruckt, lässt ihn auflaufen. Nun gibt eine Strophe die andere: Er ist gekränkt und wird fies, sie hält dagegen. Die »Stornellata a dispetto« ist ein Crescendo an Spott und Beleidigungen und sorgt bei Feiern und Festen für heitere Stimmung. Sie war mindestens so verbreitet wie die romantische Serenade.

STORNELLATA A DSPETTO

Fiore de tutti i fiori, fior de mentuccia
Beato chi la bacia sta boccuccia
Beato chi ve tiene stretto tra le braccia
Fiore de tutti i fiori, fior de mentuccia

Fiore di tutti i fiori, fiore de menta
Co me, core mio, ce vo pazienza
Che a fa la fila mo so' più de trenta
Fiore di tutti i fiori, fiore de menta

Fiore de tutti i fiori, fior de rughetta
C'ha le sampe corte sta strofetta
Sotto il balcone vostro nessuno v'aspetta
Fiore de tutti i fiori, fior de rughetta

Fiore de tutti i fiori, fior de frumento
L'amore viene e va come fa il vento
Io ve canzono e voi sete contento
Fiore de tutti i fiori, fior de frumento

Fiore de tutti i fiori, fior de murica
La lengua fece male pure a la piga
Stu cecenebbele non lu becchi mica
Fiore de tutti i fiori, fior de murica

SPOTTGESANG

Blume aller Blumen, Bergminzenblüte
Seelig ist, wer diesen Mund küsste
Seelig ist, wer Euch eng umarmt
Blume aller Blumen, Bergminzenblüte

Blume aller Blumen, Minzblüte
Mit mir, mein Lieber, braucht man Geduld
Stell Dich in die Schlange, da stehn schon ein paar
Blume aller Blumen, Minzblüte

Blume aller Blumen, Raukeblüte
Sie hat kurze Beine, diese Strophe
Unter Eurem Balkon wartet niemand auf Euch
Blume aller Blumen, Raukeblüte

Blume aller Blumen, Weizenblüte
Die Liebe kommt und geht wie der Wind
Ich verspotte euch, und Ihr glaubt mir
Blume aller Blumen, Weizenblüte

Blume aller Blumen, Brombeerblüte
Wer zu viel spricht, leidet darunter
Wer so dumm redet, kriegt keinen ab
Blume aller Blumen, Brombeerblüte

E fiore de tutti i fiori, fior de limone
Ve vojo fa arrabbia' comme 'nu cane
Ma voi nun la capite sta canzone
Fiore de tutti i fiori, fior de limone

Fiore de tutti i fiori, fiore di cipolla
Martuccia, Rosecata e Tarantella
La quarta sete voi brutta zitella
Fiore de tutti i fiori, fiore di cipolla

Fiore de tutti i fiori, fiore de lenticchia
Cantate voi e canta na cornacchia
Ballate voi e balla na ranocchia
Fiore de tutti i fiori, fiore de lenticchia

Blume aller Blumen, Zitronenblüte
Ich mache Euch wütend wie einen Hund
Aber Ihr wollt dieses Lied nicht verstehen
Blume aller Blumen, Zitronenblüte

Blume aller Blumen, Zwiebelblüte
Martuccia, Rosecata, Tarantella, die drei Hexen
Die vierte seid Ihr, hässliche alte Jungfer
Blume aller Blumen, Zwiebelblüte

Blume aller Blumen, Linsenblüte
Ihr singt wie eine Krähe
Ihr tanzt wie ein Frosch
Blume aller Blumen, Linsenblüte

SESSO SEX

von Goffredo Parise

AN EINEM ABEND gegen Ende des Winters ging eine fünf-
zigjährige Frau, die sich allein fühlte, weil ihr Liebhaber
fort und das Haus leer war, ohne allzu große Lust auf einen Vortrag mit anschließendem Empfang. Eine langwei-
lige Angelegenheit, bei der sie zum tausendsten Mal dieselben Gesichter sah, die sie seit jeher kannte und mit denen
sie den üblichen Tratsch austauschte: Tratsch weckte sie,
die keine Klatschtante war, sondern allein, ein wenig auf,
besonders Tratsch über Liebesbeziehungen, in denen sie
leider nie Eingang fand. Er weckte sie jedoch nicht allzu
sehr, und zu dieser Stunde, vor dem Abendessen (es war
halb neun), begann sie zu merken, wie ihre Augenlider
sich senkten, als sie dastand mit dem üblichen Glas in der
Hand. Sie war nicht besonders gut angezogen, wie man es
bei solchen Gelegenheiten zu sein pflegt, sie trug vielmehr
eine verstaubte blaue Filzjacke. Ihre Hände: die, welches
das Glas hielt, war schon ein wenig alt, hatte aber die Finger eines Mädchens, ein wenig krumm und kindlich wie
die einer Schülerin, die lustlos ihren Füller hält und sich
mit Tinte bekleckert. Sie war keine schöne Frau, aber sie
hatte sich eine kindliche Art bewahrt, sich zu bewegen,

und, noch viel kindlicher, die Gewohnheit, mit einer Hand ihr lockiges Haar zu zerzausen. Mit Wasserstoffsuperoxid verbarg sie ihre weißen Haare, die jetzt von weißlichem Blond waren, weil sie seit einiger Zeit nicht mehr zum Friseur ging. Sie hatte jedoch schmale und launische Lippen, und wenn sie lachte, zeigte sie ihre kleinen und sehr kräftigen Zahne.

Gegen neun begannen die Leute auseinanderzugehen, und auch sie ging hinaus in die schon fast frühlingshafte Nacht. Ein Geruch von weither, milde Wärme, mehr nicht. Auf der Gasse sah sie ein paar Jungen, und einer mit einer Fülle lockiger Haare, Turnschuhen und einer schwarzen Lederjacke, einer von vielen, die da herumliefen, näherte sich ihr und sagte: »Du bist sympathisch, wie heißt du? Ich möchte dich wiedersehen.«

Einen Moment zögerte die Frau, schlaftrunken wie sie war, aus Angst, bestohlen zu werden, aber schließlich sagte sie ihren Namen und, nachdem sie Zettel und Bleistift aus ihrer Handtasche genommen hatte, schrieb sie selbst die Telefonnummer auf. Das überraschte sie sehr, aber sie bemerkte ihr Erstaunen erst, als alles schon geschehen war. Dann machte sie sich zu Fuß auf den Weg nach Hause. Zu Hause machte sie sich ein kleines Tablett mit einem Ei, ein wenig Käse und Brot, sah fern und ging dann ins Bett. Das Haus war leer, sie fühlte sich allein, aber dies war nun seit mehr als einem Jahr so. Auch langweilte sie sich sehr. Ab und zu war sie traurig und hätte sich gewünscht, dass sich jemand bewege. Sie hatte Valium genommen und schlief sofort ein. Um drei Uhr früh wurde sie vom Telefon geweckt: Es war der Junge, der sie auf der Straße angehalten hatte, mit heller und fröhlicher Stimme fragte er, ob er sie besuchen könne. Die Frau sagte Nein und schlief wieder ein. Aber eine Stunde später wurde sie erneut geweckt, und danach noch zwei weitere Male. Sie ließ diese nächtlichen Anrufe, an die sie nun wirklich nicht gewöhnt war, eher passiv über sich ergehen, aber ihre Passivität verwandelte sich sehr schnell in ein seltsames Gefühl von Angst und Anziehung. Ein Räuber, ein Dummkopf, wer weiß, was für einer er war, und warum? Zu ihrer großen Überraschung fühlte sie jenes kleine Prickeln der Verlockung, das sie lange nicht mehr verspürt hatte, und nicht allzu überzeugt und doch immer noch überrascht lächelte sie in sich hinein.

Tags darauf begann der Junge wieder anzurufen, am Nachmittag, und er sagte, als ob sich in den wenigen Stunden schon eine Gewohnheit entwickelt hätte: »Ich bin's, Mario.«

»Ah, ciao«, antwortete die Frau passiv. Beim dritten oder vierten Telefonanruf des folgenden Tages fragte der Junge noch einmal, ob er sie besuchen könne, er fragte es mit Nachdruck. Die Frau war unlustig, voller Überdruss, traurig, weil das Haus leer war, weil ihr der Liebhaber fehlte, den sie seit einem Monat nicht mehr gesehen hatte, und sagte Ja. Wenig später, nur ein paar Minuten später, hörte sie die Türklingel.

»Mario«, sagte der Junge durch die Sprechanlage, und in einem Augenblick war er an der Tür, trat ein, schloss sie unvermittelt in die Arme und wollte sie küssen. Die Frau entwand sich mit Mühe, weil der Junge sie fest in seinen muskulösen Armen hielt. Sie standen in der Tür, und die Frau spürte in der Nase den Geruch der offenen Jacke, aus der die Brusthaare hervorkamen. Die Haare hatten einen angenehmen Geruch.

Es gelang ihr, sich ihm zu entwinden, und der Junge verließ, die rechte Schulter nach vorne gezogen, den Hals gestreckt, mit einem unvorhergesehenen Ausbruch von grenzenloser und beinahe närrischer Eitelkeit türschlagend das Haus. Die Frau war überrascht und vielleicht auch ein wenig besorgt, ohne genau zu wissen, warum. Den ganzen Abend dachte sie an jene seltsame Begegnung, die sie neugierig machte und sie (sie wagte nicht, sich das einzugestehen) einschüchterte. Beim Abendessen mit Freunden fragte sie sich: »Ob er sich beleidigt fühlt?«, und hörte nicht, was die anderen redeten.

Während der Nacht wurde sie zweimal von dem Jungen am Telefon geweckt. Er sagte: »Ich bin's«, und lachte ein verrücktes Lachen, einer Geste der Eitelkeit ähnlich. Die Frau sagte: »Wo bist du? Ich höre ein Geräusch«, aber der Junge hatte schon eingehängt. Es war zwei Uhr. Beim zweiten Mal um fünf Uhr morgens geschah genau das Gleiche, nur das Lachen dauerte länger und ließ die Frau wie vor Angst erschauern. Dieses Mal sagte sie nichts, aber sie blieb am Telefon, weil keiner der beiden sprach, sie hörte nur in der Ferne eine Sirene, und dann wurde die Leitung unterbrochen.

Einige Tage vergingen, in denen die Nerven der Frau aufs Äußerste gespannt waren und sie seit vielen Jahren nicht an ihren Liebhaber dachte. Stattdessen wartete sie, ohne sich dies einzugestehen, Tag und Nacht auf die Telefonanrufe des Jungen, aber es kamen keine. Das Haus verließ sie nur für kürzeste Zeit, sie blieb daheim und beschäftigte sich mit irgendetwas, und wenn man sie mittags oder abends zum Essen einlud, ging sie nicht hin. Sie erinnerte sich nur dunkel an ihn: lockige Haare, jene Geste der Eitelkeit, die an seinem Körper eine Geste der Männlichkeit wurde, Mut und Verachtung gegenüber dem Tagleben (erinnerte sie sich oder träumte sie, dass sie ihn hatte sagen hören, dass ihm der Tag zuwider war?), die Armmuskeln, die Brusthaare, die sich an ihrer gepuderten Wange rieben, der Geruch der Lederjacke, die nächtliche und übermächtige Stimme eines Kriminalfilms. Während sie sich so erinnerte, erschauerte sie. Sie war nervös, und zum ersten Mal in ihrem Leben begann sie, Zigaretten zu rauchen, sie hatte nie welche geraucht, ein Päckchen pro Tag rauchte sie und pustete den Qualm aus wie ein Kind. Sie ging nicht aus dem Haus.

Eines Nachmittags rief der Junge an. Er sagte: »Soll ich kommen?«, und die Frau sagte: »Ja«, mit einer ganz dünnen Stimme, so groß war ihre Erregung.

Eilig kämmte sie sich, schminkte sich, zog andere Kleider an. Aber der Junge kam nicht. Es klingelte drei Tage später gegen Abend. Sie sah ihn vor der Tür, groß und mit den dichten Haarbüscheln, und ließ ihn eintreten. Der Junge schwieg, hatte seine Augen hinter einer Spiegelbrille verborgen und ging mit hochgerecktem Hals und ein wenig schräg, die Schultern aufgerichtet, aber ein wenig schief, und die Frau bemerkte, dass er groß war: Ihr kam es vor, als bewege er ein wenig die Luft in dem bewegungslosen Haus. Er ging umher, als ob er den Wert des Hauses ermessen wolle, mit Geringschätzung auf den vollen Lippen, ohne die Frau anzusehen, die hinter ihm herging. Dann ließ er sich auf eine Couch fallen und setzte sich breitbeinig hin. Er sah die Frau starr, stumm und mit jener unendlichen Eitelkeit an. Dann erblickte er ein Radio, stellte es an, suchte nach modischer Musik und begann, ohne ein Wort zu sagen, Tanzschritte anzudeuten, wiegte sich in den Hüften und wölbte die Brust vor. Zu den Bewegungen seines Körpers rollte er die Augen. Dann plötzlich nahm er die Frau am Arm und zog sie von der Couch hoch, wo sie wie ein Pensionatsmädchen gesessen hatte: Er küsste sie lange, bewegte seinen Körper gegen ihren, warf sie auf das Sofa und küsste sie dabei immer noch und wälzte sich eine Weile über ihr, die der Frau unendlich erschien, dann liebte er sie und verdrehte dabei in Verzückung die Augen. Die Frau spürte ein unbekanntes Vergnügen, zitterte, wälzte sich und schrie. Der Junge erhob sich, immer noch in jener Verzückung befangen, und stellte sich ausgiebig vor ihr mit gespreizten Beinen zur Schau. Sie betrachtete ihn, wie man eine aufgerichtete, nur wenige Zentimeter vom Gesicht entfernte Kobra ansieht. Erst nach geraumer Zeit machte er seinen Reißverschluss zu und näherte sich mit langsamen und leisen Schritten auf seinen Gummisohlen der Tür. Die Frau folgte ihm ein wenig zerzaust, gebeugt, und als der Junge die Tür schon geöffnet hatte, sagte sie: »Mario«, mit einer dünnen und flehenden Stimme, aber er hatte die Tür schon geschlossen. Ein dumpfes Geräusch, Sprünge von Gummisohlen auf den Stufen, Stille. Die Frau wandte sich gebeugt ins Schlafzimmer, warf sich aufs Bett, und ihr Herz schlug ihr bis zum Hals, bald darauf aber schlief sie ein und träumte einen Kindertraum: von etwas wie Dracula, etwas Nächtlichem, Schwefligem.

Die Monate vergingen, wie hypnotisiert verließ die Frau nicht mehr das Haus. Fast immer klingelte nachts das Telefon. Sie hörte »Hallo« (das war er), und die Leitung wurde getrennt. Von Zeit zu Zeit kam der Junge, vollkommen eingehüllt in seinen Panzer von Eitelkeit, liebte sie, stellte sich zur Schau, schwieg immer und ging fort. Die Frau rauchte viele Zigaretten am Tag, gab sich Mühe, ihr tägliches Leben zu leben, ein wenig gesellig, ein wenig mondän, aber immer wieder rannte sie nach Hause und wartete auf das Klingeln des Telefons oder einen Besuch. Manchmal gab sie dem Jungen Geld, der sich einige Minuten beleidigt zeigte und es dann annahm, manchmal brachte er eine Schachtel Pralinen mit. Die Frau überredete ihn, sich auszuziehen, und sah, dass sein Körper von Narben übersät war, besonders an den Handgelenken, Narben von violetter Farbe, und das gab ihr dasselbe Gefühl von Anziehung und Abscheu wie der Anblick der Kobra beim ersten Mal.

In eben jenen Monaten und Tagen, aber schon eher zum Sommer hin, schaute ein Mann, allein und viele Kilometer entfernt, mit einem Fernglas in das dunkle Dickicht. Fasanenpaare liefen umher, angelockt von Futter, das er selbst gestreut hatte. Der Mann beobachtete sie: Die Weibchen machten sich an das Futter heran, vorsichtig, zitternd, und gleich danach näherte sich ihnen das Männchen von hinten und pickte sie heftig auf den Kopf, damit sie sich entfernten, um ihm den Platz zu überlassen, an welcher Stelle auch immer das Futter lag. Das Männchen pickte hier und da und jagte die Weibchen immer wieder vom Futter weg. Dann lief es zwischen ihnen umher, sie waren eingeschüchtert, hatten Angst vor dem Padrone mit seinem winzigen Auge, und die Weibchen schienen glücklich, ihm zu gehorchen, als es beschloss, sich zu bewegen und im dichten Wald zu verschwinden, den vielfarbigen langen Schwanz hoch aufgerichtet.

NONITA

von Umberto Eco

Das vorliegende Manuskript ist uns vom Oberaufseher des kommunalen Gefängnisses einer piemontesischen Kleinstadt übergeben worden. Die unbestimmten Angaben, die der Mann über den mysteriösen Häftling gemacht hat, der es in seiner Zelle zurückließ, der Nebel, der das Schicksal des Verfassers umgibt, und eine gewisse allgemeine, unerklärliche Reserviertheit derer, die den Schreiber dieser Zeilen gekannt haben, lassen uns keine andere Wahl, als uns mit dem zu begnügen, was wir wissen, und in aller Bescheidenheit den erhaltenen Teil des Manuskripts (das übrige ist von Mäusen zerfressen) hier wiederzugeben, sodass sich der Leser ein Bild von dem außergewöhnlichen Schicksal dieses Umberto Umberto machen kann (doch war jener mysteriöse Häftling nicht womöglich Vladimir Nabokov, den es seltsamerweise in die piemontesischen Hügel verschlagen hatte, und zeigt dieses Manuskript nicht die Kehrseite des proteischen Immoralisten?), auf dass man diesen Seiten schließlich entnehme, was ihre verborgene Lehre ist: maskiert unter Libertinage eine Lehre von höchster Moral.

NONITA. BLUME MEINER JUGEND, Unruhe meiner Nächte. Werde ich dich je wiedersehen? Nonita. Nonita. Nonita. Drei Silben, wie eine Negation aus Süße: No. Ni. Ta. Nonita, mögest du mir in Erinnerung bleiben, bis dein Bild Finsternis ist und dein Ort Grab.

Ich heiße Umberto Umberto. Als die Sache geschah, unterlag ich glühend dem Sieg der Jugend. Nach Aussage derer, die mich kannten (nicht derer, die mich jetzt sehen, Leser, abgemagert in dieser Zelle, während der erste Anflug eines Prophetenbartes mir die Wangen verhärtet), nach Aussage derer, die mich zu jener Zeit kannten, war ich ein strammer Ephebe mit einem Schatten von Melancholie, den ich vermutlich den meridionalen Genen eines kalabrischen Ahnen verdanke. Die Mädchen, die ich kannte, begehrten mich mit der ganzen Heftigkeit ihres blühenden Leibes und machten mich zur tellurischen Unruhe ihrer Nächte. Doch ich entsinne mich kaum jener Mädchen, denn ich war grausige Beute einer ganz anderen Leidenschaft, und meine Blicke streiften kaum ihre Wangen, wenn sie im Gegenlicht golden erglänzten von einem seidigen und transparenten Flaum.

Ich liebte, geneigter Leser, und zwar mit der Tollheit meiner eifernden Jahre, ich liebte jene, die du mit zerstreuter Fühllosigkeit »die Alten« nennen würdest. Ich begehrte aus tiefster Tiefe meiner blutjungen Fasern jene Geschöpfe, die schon gezeichnet sind von der Strenge eines unerbittlichen Alters, gebeugt vom schicksalsschweren Gewicht ihrer achtzig Jahre, grausig ausgehöhlt vom begehrenswerten Gespenst der Vergreisung. Um sie zu bezeichnen, diese der Mehrheit unbekannten Frauen, denen die schlüpfrige Indifferenz der habituellen *usagers* rescher fünfundzwanzigjähriger Friulanerinnen keine Beachtung schenkt, werde ich, Leser – auch hierin beherrscht von den Anfällen einer ungestümen Gelehrtheit, die mir jede Geste der Unschuld verwehrt –, einen Ausdruck verwenden, den für treffend zu halten ich nicht verzage: Pärzchen, *parquettes*.

Ihr, die ihr über mich richtet *(toi, hypocrite lecteur, mon semblable, mon frère)*, was wisst ihr schon von der morgendlichen Jagdbeute, die sich im Sumpf dieser unserer unterirdischen Welt dem listenreichen Liebhaber kleiner Parzen bietet! Ihr, die ihr nachmittags durch die städtischen Anlagen streift auf eurer banalen Jagd nach soeben erblühten Mädchen, was wisst ihr von der verstohlenen, einsamen, grinsenden Jagd, die der Liebhaber kleiner Parzen zwischen den Parkbänken alter Gärten betreiben kann, im weihrauchgeschwängerten Dunkel der Kirchen, auf den Kieswegen stiller Friedhöfe in der Vorstadt, sonntags an den Ecken der Altersheime, vor den Toren der Nachtasyle, in den psalmodierenden Reihen der Heiligenprozessionen, bei den Wohltätigkeitsveranstaltungen, auf der Lauer in einem amourösen, überaus engen und leider erbarmungslos keuschen Hinterhalt, um aus der Nähe jene vulkanisch zerfurchten Gesichter zu sehen, jene wässrigen, vom Star getrübten Augen, das Zittern der ausgedörrten Lippen, eingezogen in die erlesene Höhlung eines zahnlosen Mundes, zuweilen benetzt von einem schimmernden Strom ekstatischen Speichels, die knotigen Hände nervös im schlüpfrigen und provozierenden Tremolo eines unendlich langsam gebeteten Rosenkranzes!

Kann ich dir jemals, freundlicher Leser, das verzweifelte Schmachten nach jener flüchtigen Augenbeute vermitteln, das spasmische Beben bei gewissen kaum wahrnehmbaren Kontakten, eine flüchtige Ellenbogenberührung im Gedränge der Trambahn (»Pardon, Madame, wollen Sie sich nicht setzen?« Oh, satanischer Freund, wie wagtest du es, den feuchten Dankesblick anzunehmen und das knappe »Vielen Dank, junger Mann« – du, der du lieber an Ort und Stelle deine bacchantisch wüste Komödie der Besitzergreifung inszeniert hättest?), das leichte Streifen eines venerablen Knies, *strisciando* von deiner Wade berührt zwischen zwei Sitzreihen in der nachmittäglichen Leere eines Vorstadtkinos, oder – sporadischer Augenblick engsten Kontaktes – das verhalten zärtliche Drücken des knochigen Arms einer Greisin, der du mit beflissener Pfadfindermiene über die Straße halfst!

Die Wechselfälle meines nassforschen Alters bescherten mir freilich auch andere Begegnungen. Wie ich schon sagte, ich hatte einen gewissen Charme mit meinen gebräunten Wangen und den zarten Zügen eines von morbider Virilität befallenen Mädchens. Ich ignorierte durchaus nicht die Liebe der Heranwachsenden, doch ich unterzog mich ihr wie einer Pflichtübung, um meinem Alter Genüge zu tun. Ich entsinne mich eines Abends im Mai, kurz vor Sonnenuntergang, als ich im Garten einer aristokratischen Villa – es war im Varesischen, unweit des roten Sees der sinkenden Sonne – im Schatten eines Busches mit einer entkleideten, ganz von Sommersprossen bedeckten Siebzehnjährigen lag, die sich in einem wahrhaft beängstigenden Rausch von Liebesgefühlen befand. Und gerade als ich ihr lustlos den ersehnten Merkurstab meiner schwellenden Wundertätigkeit überließ, sah ich, Leser, erriet ich gleichsam in einem Fenster der Beletage die Gestalt einer altersschwachen Amme, krumm vorgebeugt, im Begriff, sich die formlose Masse eines schwarzen Baumwollstrumpfes vom Bein zu streifen. Der plötzliche Anblick jenes geschwollenen Gliedes, gezeichnet von Krampfadern und gestreichelt vom ungeschickten Auf und Ab der alten Hände in ihrem Bemühen, das Knäuel des Strumpfes aufzurollen, erschien mir (oh, meine begehrlichen Augen!) wie ein grässliches und beneidenswertes Phallussymbol, umschmeichelt von einer jungfräulichen Geste. Und im selben Moment, erfasst von einer durch die Distanz noch verstärkten Ekstase, explodierte ich röchelnd in einem Erguss biologischer Einwilligung, den das Mädchen (unvorsichtiges Küken, wie ich dich hasste!) stöhnend aufnahm wie einen Tribut an den eigenen unreifen Zauber.

Hast du je begriffen, du mein törichtes Werkzeug aufgeschobener Lüste, dass du damals die Speise vom Tisch einer anderen naschtest, oder ließ die dumpfe Eitelkeit deiner unreifen Jahre mich dir als ein feuriger, unvergesslicher, sündenfroher Komplize erscheinen? Tags darauf abgereist mit der Familie, schicktest du mir nach einer Woche eine Postkarte mit der Unterschrift »Deine alte Freundin«. Ahntest du die Wahrheit, wolltest du mir deinen Scharfblick durch den gezielten Gebrauch dieses Adjektivs enthüllen, oder war es nur der jargonhafte Ausfall einer Gymnasiastin im Krieg mit den üblichen philologisch geschraubten Briefflosken?

Wie starrte ich seither zitternd auf jenes Fenster, stets in der Hoffnung, die gebrechliche Silhouette einer Greisin im Bade zu sehen! Wie viele Abende saß ich halb versteckt unter Bäumen, meiner gewohnten Ausschweifung hingegeben, die Augen unverwandt auf die hinter einem Vorhang erkennbare Schattengestalt einer zarten Muhme vor einem Teller mit Brei geheftet! Und dann die fürchterliche Enttäuschung, jäh und blitzartig *(tiens donc, le salaud!)*, wenn die Gestalt sich dem Trug der chinesischen Schatten entzog und am Fenster erschien als das, was sie war: eine nackte Tänzerin mit strammen Brüsten und den ambra schimmernden Hüften einer andalusischen Stute!

So verbrachte ich Monate und Jahre friedlos auf der vergeblichen Jagd nach verehrungswürdigen Pärzchen, nimmermüde einer Suche ergeben, die, ich weiß es, ihren unzerstörbaren Ursprung aus dem Augenblick meiner Geburt bezog, als eine alte, zahnlose Hebamme (Resultat der vergeblichen Suche meines Vaters, der zu jener Nachtstunde keine andere gefunden hatte als diese, die schon mit einem Fuß im Grabe stand!) mich aus dem viskosen Gefängnis des Mutterschosses befreite und mir im Licht des Lebens ihr Gesicht offenbarte – das unsterbliche Gesicht einer *jeune parque.*

Ich suche hier keine Rechtfertigungen vor euch, die ihr mich lest *(à la guerre comme à la guerre)*, doch ich möchte hier wenigstens erklären, wie schicksalhaft die Koinzidenz der Ereignisse war, die mich zu jenem Siege führte.

Das Fest, zu dem man mich eingeladen hatte, war eine schale Petting-Party von jungen Mannequins und kaum der Pubertät entwachsenen Studenten. Die geschmeidige Wollust jener willigen Mädchen, die lässige Art, wie sie im Ungestüm einer Tanzfigur ihre Brüste in offenen Blusen darboten, widerte mich an. Schon wollte ich fluchtartig jenen Ort des banalen Handelns mit noch intakten Leisten verlassen, als ein schriller, fast kreischender Ton (und finde ich je den passenden Ausdruck für die schwindelerregend hohe Frequenz, das heisere Abklingen der schon ermatteten Stimmbänder, *l'allure suprême de ce cri centenaire?*), als die bebende Klage einer uralten Frau die Versammlung in Schweigen stürzte. Und im Türrahmen sah ich sie, sah das Gesicht der fernen Parze meines pränatalen Schocks, umgeben vom wallenden Enthusiasmus der lasziv-weißen Haare, den zusammengefallenen Körper, der sich eckig unter dem Stoff der glatten schwarzen Bluse abzeichnete, die dürren, längst unerbittlich krumm gewordenen Beine, die zarte Linie ihrer verletzlichen Schenkel unter der altmodischen Schamhaftigkeit des verehrungswürdigen Rockes.

Das fade Mädchen, das uns eingeladen hatte, rang sich

demonstrativ eine Geste der Höflichkeit ab, hob die Augen zum Himmel und sagte: »Meine *Nonna*« …

Hier endet das erhaltene Manuskript. Aus den spärlichen Resten, die noch zu entziffern sind, lässt sich schließen, dass die Geschichte wie folgt weiterging. Wenige Tage später entführt Umberto Umberto die Großmutter seiner Gastgeberin und flieht mit ihr auf dem Fahrrad nach Piemont. Zunächst führt er sie in ein Heim für mittellose Senioren, wo er die Nacht mit ihr verbringt, und erfährt dabei, dass er nicht der Erste in ihrem Leben ist. Bei Tagesanbruch, als er im Garten eine Zigarette raucht, wird er von einem zwielichtigen jungen Mann angesprochen, der ihn fragt, ob die Alte wirklich seine Nonna sei. Besorgt verlässt er das Altersheim mit Nonita und macht sich auf eine schwindelerregende Wanderschaft kreuz und quer durch Piemont. Er besucht die Weinmesse von Canelli, das Trüffelfest von Alba, nimmt teil an der Parade von Gianduja in Caglianetto, am Viehmarkt von Nizza Monferrato, an der Wahl der Schönen Müllerin in Ivrea, am Sackhüpfen auf der Kirchweih von Condove. Am Ende dieser Irrfahrt durch die Weiten des Landes bemerkt er, dass ihm seit einiger Zeit ein junger Pfadfinder auf einer Lambretta folgt, der jede Begegnung mit ihm vermeidet. An dem Tag, als er in der Ortschaft Incisa Scappacino seine Nonita zur Pediküre bringt und sie einen Moment allein lässt, um sich Zigaretten zu kaufen, findet er sich bei der Rückkehr von der Alten verlassen: Sie ist mit dem Entführer geflohen. Er verbringt einige Monate in tiefster Verzweiflung und findet schließlich die Greisin wieder, zurück aus einem Schönheitssalon, wohin sie der Verführer gebracht hatte. Ihr Gesicht ist faltenlos, ihr Haar kupferblond gefärbt, der Mund wieder voll und blühend. Angesichts dieses Verrats wird Umberto Umberto von einem Gefühl abgrundtiefen Mitleids und stiller Verzweiflung gepackt. Ohne ein Wort zu sagen, besorgt er sich eine doppelläufige Flinte und macht sich auf die Suche nach dem Unseligen. Er findet ihn auf einem Campingplatz, wo er gerade zwei Hölzchen aneinanderreibt, um Feuer zu machen. Er schießt einmal, zweimal, dreimal auf ihn, immer daneben, bis er von zwei Priestern mit schwarzen Baskenmützen und Lederjacken ergriffen wird. In flagranti ertappt, wird er zu sechs Monaten Haft wegen unbefugten Waffentragens und Jagens außerhalb der Saison verurteilt.

SERENATELLA

von Mario Di Leo, 2005

»Serenatella« ist eine »Serenata a dispetto«, ein Spottgesang und Teil eines Liebesrituals: Ein verliebter
Junge beauftragt einige Musiker, unter dem Fenster
seiner Angebeteten eine Serenade zu singen. Wenn
die Serenade erfolgreich ist, geht das Licht im Zimmer
der Angebeteten an, und die Leiden des Jungen sind
beendet. Bleibt es jedoch dunkel, steht der Junge als
unglücklicher Dorftrottel da und hat obendrein viel
Geld für die Musiker bezahlt.

Derartig vor der Dorföffentlichkeit brüskiert,
benötigt er Satisfaktion. Das beste Mittel dazu ist eine
»serenata a dispetto«, ironisch, boshaft und beleidigend,
in Maßen naturalmente. Unter strengster Geheim-
haltung entsteht eine neue Super-Serenade. Oftmals
wird sie jedoch nicht bis zum Ende gesungen, da Väter,
Brüder, Onkel und Cousins des Mädchens mit Stöcken
aus dem Haus stürmen, um die böse Horde in die
Flucht zu schlagen. Aus diesem Grund sind schwere
Instrumente bei derartigen Auftritten verpönt. Stattdessen kommen Mundharmonika, Triangel und
Turnschuhe zum Einsatz – bei der »Serenatella« kommt
es weniger auf die künstlerische Virtuosität an als auf
Sportlichkeit.

SERENATELLA

Serenatella sentimentale
Te so' venuto qua sotto a cantà
Musu de scimmia genio del male
Su nquiju liettu tu sta a ronfià
Tu nun rispunni musu de brocca
Su nquiju liettu tu sta a ronfià
Che te pijasse ncorpo mbocca
Cusì finisce de campà
Sona chitarra sona
Me s'è stuccata na corda
Ma sono pure se stona pe fatte crepà
Sona chitarra sona
Me s'è stuccata na corda
Ma sono pure se stona pe fatte schiattà

SERENATELLA

Hier unten stehe ich
Und singe dir eine romantische Serenatella
Aber du, Affengesicht, böser Geist
Schnarchst in deinem Bett
Du antwortest nicht, Breitgesicht
Schnarchst weiter in deinem Bett
Sei bitte etwas leiser
Sonst kann ich nicht singen
Spiel, Gitarre, spiel
Auch wenn mir eine Saite gerissen ist
Spiel, Gitarre, spiel
Auch wenn mir eine Saite gerissen ist
Ich spiele auch gerne falsch
Um dich richtig zu ärgern

MARCELLO MASTROIANNI

von Franca Magnani

»WHAT'S GOING ON?«, fragten an einem heißen Augustmorgen zwei amerikanische Touristinnen auf der Piazza della Pilotta im Herzen des historischen Rom. Die Frage war berechtigt: Einige Männer versuchten schreiend und gestikulierend die sperrigen Reisebusse von der Piazza fernzuhalten. Diese musste leer sein, weil dort Szenen zu dem Film »Mattia Pascal« gedreht wurden, nach dem gleichnamigen Roman des sizilianischen Schriftstellers Luigi Pirandello. Die Busfahrer ihrerseits wollten um jeden Preis gerade dort parken, damit die Touristen zur nahe liegenden Fontana di Trevi wandern konnten. »What's going on?« und »Who is that man?«, fragten erneut die beiden Touristinnen und zeigten mit dem Finger auf einen Mann, der gemächlich, einen Regenmantel und eine Aktentasche in der Hand, quer über den endlich verkehrsfreien Platz schlenderte. »He is Marcello Mastroianni, the italian actor«, antwortete ich.

»Are you sure? He doesn't look like a latin lover …«

Marcello Mastroianni wurde auf seinem Gang über die Piazza jäh von Regisseur Mario Monicelli gestoppt: »Ripetere« – wiederholen! Mastroianni kehrte anstandslos zum

Ausgangspunkt zurück: zwei-, drei-, viermal wiederholte er die Szene, geduldig und zahm wie ein Lamm, bis der befreiende Ruf des Regisseurs ertönte: »Basta, benone!«

Was hatte die beiden amerikanischen Touristinnen dazu bewogen, Mastroianni als »latin lover« zu bezeichnen? Wir wollten Marcello gerne selber danach fragen, als er uns in einer Drehpause zum Interview empfing, und zwar im Wohnwagen der Filmproduktion, an der Ecke der Piazza della Pilotta.

Italiens berühmtester Filmschauspieler zeigte sich von einer natürlichen Freundlichkeit, keine Spur von Starallüren. Einfach, spontan und ungeziert ist seine Art zu sprechen. Weiche, regelmäßige Züge zeichnen sein Gesicht aus; Charakterfalten hat er nicht. In einer Menge würde er untertauchen; er ist unauffällig. Im Wesen wirkt er vertrauenerweckend, höflich, zuvorkommend, alles in Maßen gehalten. Das alles galt, bis im Laufe des Gesprächs auf einmal der Begriff »latin lover« fiel. Da erst belebte sich Marcello Mastroianni richtig und sagte in barschem Ton: »Kein Wort darüber – ich bin Schauspieler von Beruf und kein ›latin lover‹. Man hat mir dieses Etikett in Amerika angehängt, vor vielen Jahren, und seither wurde ich zum Klischee des ›latin lovers‹. Und in meinem Alter – ich bin sechzig Jahre alt – ist es nicht nur lächerlich, sondern sogar peinlich.« Er kokettierte mehrmals mit seinem Alter. »Übrigens habe ich nur wenige Verführerrollen gespielt. Impotente Männer, Homosexuelle ja – doch selbst in Fellinis Filmen sind die intellektuellen Hauptdarsteller nie außergewöhnliche Liebhaber. Es sind überwiegend zerbrechliche, sensible, empfindsame Männer, die sich wohl für die Frau als solche interessieren, aber es sind Männer voller innerer Widersprüche, seelisch komplizierte, zwiespältige Gestalten, so wie es die meisten Menschen eben sind. Ich empfinde es als Beleidigung, wenn man mich als ›latin lover‹ bezeichnet ...«

Er beruhigte sich, als wir ihn davon überzeugten, dass wir nichts Näheres über seine bekannten oder unbekannten Liebesaffären wissen wollten. Steht man Mastroianni heute gegenüber, fällt es einem schwer, sich diesen Schauspieler als großen Liebhaber vorzustellen. Sein Wesen strahlt Gemütlichkeit und fast Trägheit aus, was von vornherein die Fähigkeit zu großen Leidenschaften ausschließt. Es ist angenehm, mit ihm zu sprechen, weil er spontan ist, die Worte legt er nicht auf die Goldwaage; er rechnet sich nicht den Effekt aus, den seine Aussagen auslösen könnten. Man versteht, weshalb ihn die Italiener allgemein »simpatico« – sympathisch –finden.

Eingebildet ist er nicht; gerne gibt Mastroianni zu, dass es im Leben auch eine gute Portion Glück braucht, um zum Erfolg zu gelangen. Wann eröffnete sich ihm seine große Chance?

Als Marcello in Rom Architektur studierte und an einer Operette mitwirkte, die die akademische Theatergruppe inszeniert hatte. (Den Lebensunterhalt verdiente er sich mit Gelegenheitsarbeiten, als Buchhalter.) Im Theatersaal saß zufällig ein Regieassistent des damals bereits berühmten Filmemachers Luchino Visconti. Unter allen Mitwirkenden fiel dem Assistenten Marcello Mastroianni auf, und er stellte ihn seinem Meister Visconti vor. Es war Visconti, der aus Mastroianni einen Berufsschauspieler machte. Dazu Marcello: »Visconti war sehr anspruchsvoll; aber hinter seinem Eigensinn steckten Stil, Format und Perfektion. Jedermann hatte sich an Viscontis Anweisungen zu halten; er war unerbittlich. Visconti war auf seine Weise tyrannisch, aber genial; für mich ist er eine Vaterfigur; ich konnte nie ›du‹ zu ihm sagen.«

Unter Viscontis einschneidender Führung spielte Mastroianni ab 1948 – also bereits mit vierundzwanzig Jahren – Shakespeare, Goldoni, Tschechow, Arthur Miller, Tennessee Williams. Als Dreiunddreißigjähriger debütierte Marcello dann auch im Film, und zwar in »Le notti bianche« (»Weiße Nächte«), unter der Regie von Visconti, und mit Maria Schell als Hauptdarstellerin. Seither hat Marcello über einhundertzehn Filme gedreht, aber es waren jene unter Fellinis Regie – »La dolce vita« und »Achteinhalb« –, die Marcello über Italiens Grenzen hinaus berühmt machten.

Nach fast dreißigjähriger Unterbrechung ist Mastroianni vorübergehend zum Theater zurückgekehrt; im vergangenen Jahr bis zum Mai dieses Jahres hat er in Paris in François Billetdoux' Stück »Cin Cin« die Hauptrolle gespielt; der Italiener erntete großen Beifall, obschon er auf Französisch spielte und seine Aussprache nicht einwandfrei ist. Dennoch kehrte Mastroianni gerne wieder zum Film zurück.

Wo liegt für ihn der Unterschied zwischen Theater und Kino?

»Das Theater ist für mich eine Art Tempel, in dem Religiosität, Disziplin und Schweigen herrschen. Der Zauber liegt in dieser Art religiösen Stimmung … Das cinema dagegen, das ist für mich der Tempel des Ungefähren – cinema, das ist ein Happening; da kann nie alles vorausgesehen werden: Plötzlich geht das Licht aus, unvorhergesehene Geräusche entstehen, Autos werden dort geparkt, wo sie es nicht dürften, usw. Man muss sich beim Film sofort an die neu entstandene, unvorhergesehene Situation anpassen können, das gefällt mir sehr …

Und jetzt spiele ich gerne die Rolle des ›Mattia Pascal‹, ein Mann, der vor der Realität flieht, indem er seine wahre Identität verwischt und sich jene eines anderen aneignet ...« Der Schauspieler tue ja im Grunde nichts anderes als sich maskieren, sich verstecken, sich nicht exponieren, er nimmt eine andere Persönlichkeit an, oder er täuscht vor, eine zu haben, hat Marcello einmal erklärt. Das macht ihm viel Spaß.

Mastroianni macht sich oft über amerikanische Schauspieler lustig, jene, die sich in ihre Rolle geradezu »hineinversetzen«, die Identität der zu spielenden Personen annehmen, die monatelang z. B. Boxen lernen, nur weil sie einen Boxkämpfer zu spielen haben. »Was hätte ich nach diesem Prinzip tun müssen, als ich die Rolle des verrückten Heinrich IV. spielte, zuerst einmal einige Monate im Irrenhaus verbringen? Das ist doch alles verrücktes Zeug, oder Angeberei, oder Neurose. *Diese* Art von Perfektionismus, die verstehe ich nicht ... Kino, cinema, das ist doch Lüge, der Schauspieler ist ein Schwindler; sollen wir denn wirklich alles ernst nehmen? Mir ist übrigens das amerikanische Actor's Studio stets auf die Nerven gegangen; all diese Schulen, diese Manien, diese Tics ...Viele amerikanische Schauspieler sind rauschgiftsüchtig, das ist bekannt; ein Rausch gewährt absolute Freiheit; das kann nützen und helfen, in bestimmten Situationen. Aber die Dramatisierung des Berufs, nein, das verstehe ich nicht. Spielen, das ist doch ein großartiges Vergnügen und kein Leiden. Der Schauspieler vergnügt sich beim Spielen, die eigene Rolle gut zu spielen ist schön, wie ein schöner Orgasmus ...«

Seit über fünfunddreißig Jahren ist Marcello Mastroianni mit Flora Carabella verheiratet, einer Schauspielerin, die er auf der Universität kennengelernt hat. Heute spielt Flora kaum mehr, ihre Hauptbeschäftigung besteht darin, sagte sie uns einmal scherzend, das Lebensschiff Marcellos, das oft durch bewegte sentimentale Gewässer segelt, in den sicheren Hafen zurückzuführen, nämlich in ihren. Flora ist zweifellos Marcellos beste Freundin. Sie ist auch immer die erste, die von den Liebesaffären ihres Mannes erfährt, und die erste, die weiß, wann sie beendet sind. Und diese Affären enden immer, früher oder später – sagt sie. Warum eigentlich? fragten wir Signora Flora einmal. »Marcello è un pigro« … Marcello ist doch träge, gab sie lachend zur Antwort.

Die Mastroiannis haben ein Haus in Rom, eine kleine Villa aus der Jahrhundertwende nahe dem Tiber, und ein großes Haus außerhalb Roms. Da trifft sich die Familie immer wieder, wenn Marcello oder Flora von ihren Reisen zurückkehren; beide reisen viel, selten zusammen. Zur Familie gehört nicht nur die dreißigjährige Tochter Barbara, die heute Kostümbildnerin ist, sondern auch die zwölfjährige Chiara, deren Mutter die französische Schauspielerin Catherine Deneuve ist. Signora Flora ist eine aufmerksame Großmutter für die kleine Chiara und schätzt Catherine sehr. »Auch diese Geschichte ging zu Ende«, sagte Signora Flora wiederum scherzend; sie gab zu verstehen, dass alle Geschichten Marcellos enden werden, immer, eben seiner Trägheit wegen. Auch die Liebesaffäre zu Faye Dunaway endete abrupt, als die amerikanische Schauspielerin von Marcello forderte, er solle sich von seiner Frau Flora scheiden lassen.

»Scheiden?«, meint Flora Carabella. »Das ist für Marcello undenkbar, so wie es unsinnig, absurd ist, sich von der eigenen Mutter scheiden zu lassen.«

Ja, Mastroianni und seine angebliche Mutterbindung, ist

das auch so ein in die Welt gesetztes Märchen, wie jenes des feurigen »latin lovers«?

»Ja, auch so ein Märchen«, sagt Mastroianni. »Natürlich liebe ich meine Mutter, wie wohl die meisten Menschen. Aber es stimmt nicht, dass ich eine besonders positive Bindung zu ihr hatte. Wahr ist vielmehr, dass, wenn ich sie besuchte, sie bereits nach drei Minuten nervös wurde und ich mich schnell wieder von ihr verabschiedete ... Ja, die Nabelschnur ist schwer zu durchtrennen, doch diese Nabelschnur besteht aus Konflikten; die Beziehung ist ähnlich wie zu einer Geliebten ...«

»Einer Geliebten?«

»Ja, eine Geliebte ist doch aufreizend – irritante – verstehen Sie?«

»Nein, das verstehe ich nicht.«

»Mit einer Geliebten diskutiert man doch, man setzt sich mit ihr auseinander, das ist aufreizend. Mit einer Freundin ist das anders. Eine Mutter ist aber schwerlich eine Freundin ihres Sohnes. Wäre die Mutter wirklich eine Freundin, könnte sie uns vielleicht im Leben helfen, Probleme zu lösen und Krisen zu überwinden.« Freundschaft ist für Mastroianni äußerst wichtig, er vermisste sie sehr bei seiner Mutter und fand sie bei seiner Frau. »Aber die Mütter der Männer meiner Generation wollen Probleme und Krisen bei den Söhnen nie sehen; es hieße zugeben, dass sie erwachsen geworden sind. So erkundigte sich meine Mutter stets, ob ich das Wollhemd trage oder ob ich an den Nägeln kaue – ich spreche natürlich von Müttern, wie ich eine hatte, von den einfacheren ... denn – ja, heute hat sich in diesem Zusammenhang vieles geändert ...«

»Gewiss, besonders dank den Frauen und dem großen

114

Wandel, der sich in der italienischen Gesellschaft vollzogen hat.«

»Ja, sicher. Meine Mutter hat mir nie geholfen, während meiner Krisen; sie wollte sich nur meine Sorgen aufbürden, das ist etwas ganz anderes. Ich will Ihnen eine Geschichte erzählen: Als ich von meiner damaligen Geliebten, Catherine Deneuve, das Kind erwartete – es ist auch schon zwölf Jahre her, ich war achtundvierzig Jahre alt –, da ging ich zu meiner Mutter und wollte mit ihr darüber reden. Kaum stand ich vor ihr, da ging es wieder los: Marcello, isst du auch genug? Du bist so blass. Und das Wollhemd, trägst du es auch? Und die Nägel? Zeig einmal her, usw. usw. Es wollte kein Ende nehmen, da gab ich mir einen Ruck und sagte: Mamma, ich muss dir etwas sagen, und erzählte ihr die Geschichte mit dem Kind, sie hätte es ja doch früher oder später aus den Zeitungen erfahren. Die Reaktion meiner Mutter war bezeichnend, sie sagte nur: In deinem Alter? Nie hat sie mich gefragt: Bist du glücklich? Bist du froh? Sehen Sie denn nicht, wie falsch eine solche Beziehung ist?«

»Natürlich sehe ich das, aber man kann das alles nicht verallgemeinern, heute gibt es ganz andere Mütter …«

»Ja, falls man mit dem Feminismus nicht übertreibt, bin ich ja auch gar nicht gegen den Wandel, der in Italien eingetreten ist. Ich folge sogar mit Neugier dieser Entwicklung. Übrigens kann eine Frau, die vom Mann unabhängig und selbstständig ist, sogar raffinierter sein als eine Geisha. Denn eine Geisha wirkt auf die Dauer langweilig, glauben Sie mir …«

»Ich zweifle nicht daran … Glauben Sie Ihrerseits nicht, dass Männer viel dazugewinnen, wenn die Frauen nicht mehr nur im Schatten der Männer stehen, in Anbetung zu ihnen leben, wenn sie nicht mehr mit List zu erreichen versuchen, was ihnen von Rechts wegen zusteht?«

»Mag sein. Übrigens habe ich zwei Töchter, also bin ich auch froh, wenn die Italienerin eine neue Stellung einnimmt, die ihr Würde verleiht.«

Zu Italien hat Marcello Mastroianni eine starke Bindung, Italien als »Heimat« verstanden, nicht als »Vaterland«.

»Ich liebe Italien«, sagt er, »obschon ich keineswegs nationalistisch bin. Die Fahnen, die Uniformen, die Grenzen, das alles geht mir auf die Nerven … Nein, ich liebe Italien seiner Natur, seiner Landschaft und seines Volkes wegen. Die Italiener haben ›una bella natura‹, ein schönes Naturell. Sie sind geborene Lebensphilosophen, ›tiriamo avanti‹, sagen sie in jeder Notsituation, ›nur vorwärts – Hauptsache, wir überleben‹ …«

»Und was für Pläne haben Sie für die Zukunft, Marcello Mastroianni?«

»Pläne? Ich schmiede nie Pläne. Programmiert man etwa die Liebe?«

TANTO PE' CANTÀ /
ICH SINGE, UM ZU SINGEN

von Ettore Petrolini, 1932

»Tanto pe' cantà« ist eines der berühmtesten Volks-
lieder Roms und das Lieblingslied von Franca Magnani.
Der Schauspieler Ettore Petrolini schrieb es als leichtes
Gegenstück zu dem militaristischen Musikdiktat
der Faschisten. Der freche Text im römischen Dialekt
thematisiert die Sorglosigkeit der Jugend, die davon
träumt, die Welt zu erobern. Es handelt von einem
Lied ohne Titel, das einfach nur dazu da ist, gesungen
zu werden und sich die Zeit zu vertreiben.

Was als launige und ironische Serenade daher-
kommt, ist zugleich Liebeslied und Spottgesang an
die fiktive erste Verlobte: Sie war nur scheinbar gut,
in Wirklichkeit aber betrügerisch und verlogen.

TANTO PE' CANTÀ

*Parlato: E' una canzone senza titolo, tanto pe' cantà,
pe' fa quarche cosa. Non è gnente de straordinario è
robba der paese nostro. Che se po' cantà pure senza
voce. Basta 'a salute. Quanno c'è 'a salute e un par de
scarpe nove poi girà tutto er monno. E m'accompagno
da me ...*

Pe' fa la vita meno amara
me so' comprato 'sta chitara
E quanno er sole scenne e more
me sento 'n core cantatore
La voce è poca ma 'ntonata
nun serve a fa 'na serenata
Ma solamente a fa 'n maniera
de fame 'n sogno a prima sera

Tanto pe' cantà
perchè me sento un friccico ner core
Tanto pe' sognà
perchè ner petto me ce naschi 'n fiore
Fiore de lillà
che m'ariporti verso er primo amore
Che sospirava le canzoni mie
e m'arincojoniva de bucie

118

ICH SINGE, UM ZU SINGEN

*Gesprochen: Das ist ein Lied ohne Titel, einfach nur da,
um gesungen zu werden, um etwas zu tun. Es ist nichts
Besonderes, nur etwas in unserer Sprache. Jeder kann
es singen, auch ohne schöne Stimme. Man braucht nur
Gesundheit und ein paar neue Schuhe, um die ganze
Welt zu bereisen.*

Um das Leben weniger bitter zu gestalten
habe ich mir eine Gitarre gekauft
Und wenn die Sonne untergeht und stirbt
fühle ich mich im Herzen als Sänger
Die Stimme ist schwach, aber harmonisch
ungeeignet für eine Serenade
Sie schläfert mich bloß ein

Ich singe, um zu singen,
weil es mir das Herz kitzelt
ich singe, um zu träumen
damit mir Blumen aus der Brust sprießen
Wie der Flieder,
der mich an die erste Liebe erinnert
Die immer so schön bei meinen Liedern geseufzt
Und mich mit ihren Lügen veräppelt hat

Canzoni belle e appassionate
che Roma mia m'aricordate
Cantate solo pe' dispetto
ma co' 'na smania dentro ar petto
Io nun ve canto a voce piena
ma tutta l'anima è serena
E quanno er cielo se scolara
de me nessuna se 'nnamora

Tanto pe' cantà
perchè me sento un friccico ner core
Tanto pe' sognà
perchè ner petto me ce naschi 'n fiore
Fiore de lillà
che m'ariporti verso er primo amore
Che sospirava le canzoni mie
e m'arincojoniva de bucie

Schöne und leidenschaftliche Lieder
die mein Rom mir geschenkt hat
Gesungen, nur um zu ärgern
aber mit Fieber in der Brust
Ich singe sie Euch nicht mit kräftiger Stimme
aber heiterer Seele
Und wenn der Himmel erblasst
verliebt sich niemand in mich

Ich singe, um zu singen
weil es mir das Herz kitzelt
ich singe, um zu träumen
damit mir die Blumen aus der Brust sprießen
Wie der Flieder
der mich an die erste Liebe erinnert
Die immer so schön bei meinen Liedern geseufzt
Und mich mit ihren Lügen veräppelt hat

ER UND ICH

von Natalia Ginzburg

IHM IST IMMER HEISS, mir immer kalt. Im Sommer, wenn es wirklich heiß ist, klagt er unaufhörlich über die große Hitze und empört sich, wenn er sieht, dass ich abends ein wollenes Jäckchen anziehe.

Er beherrscht mehrere Sprachen, ich spreche keine gut. Er kann sich auf seine Weise auch in den Sprachen ausdrücken, die er nicht kennt.

Er hat einen ausgezeichneten Orientierungssinn, ich nicht. Nach einem Tag bewegt er sich in einer fremden Stadt so leicht wie ein Schmetterling. Ich verirre mich in meiner eigenen Stadt und muss nach dem Weg fragen, um nach Hause zu finden. Er hasst es, nach dem Weg zu fragen, und wenn wir im Auto durch fremde Städte fahren, befiehlt er mir, den Stadtplan zu studieren. Ich finde mich aber auf Stadtplänen nie zurecht, die vielen roten Punkte verwirren mich, und er wird wütend.

Er liebt das Theater, die Malerei und die Musik, vor allem die Musik. Ich verstehe nichts von Musik, kümmere mich wenig um die Malerei und langweile mich im Theater. Ich liebe und verstehe nur etwas auf der Welt: die Dichtung.

Er liebt die Museen, und ich muss mich anstrengen hinzugehen und habe dabei das Gefühl einer unangenehmen Pflicht. Er liebt die Bibliotheken, und ich hasse sie.

Er liebt Reisen, fremde und unbekannte Städte und Restaurants. Ich würde immer zu Hause bleiben und keinen Schritt tun.

Ich begleite ihn aber auf vielen Reisen. Ich begleite ihn in die Museen, Kirchen und in die Oper. Ich begleite ihn auch in Konzerte und schlafe dort ein.

Da er Orchesterdirigenten und Sänger kennt, gefällt es ihm, ihnen nach der Vorstellung zu gratulieren. Ich folge ihm durch die langen Gänge, die zu den Garderoben der Sänger führen, und höre zu, wie er mit Leuten spricht, die als Kardinal oder König gekleidet sind.

Er ist nicht schüchtern, und ich bin schüchtern. Manchmal aber habe ich auch ihn schüchtern gesehen. Wenn Polizisten, mit Notizblock und Bleistift bewaffnet, sich unserem Wagen nähern. Ihnen gegenüber ist er schüchtern, weil er sich im Unrecht fühlt.

Und auch wenn er sich nicht im Unrecht fühlt. Ich glaube, er hat Respekt vor der staatlichen Autorität.

Ich fürchte die staatliche Autorität, er nicht. Er hat Respekt vor ihr. Das ist etwas anderes. Wenn ich einen Polizisten mit einem Strafzettel kommen sehe, denke ich sogleich, er wolle mich verhaften. Er denkt nicht an eine Verhaftung, aber er wird aus Respekt schüchtern und freundlich.

Darüber, über seinen Respekt vor der staatlichen Autorität, stritten wir uns zur Zeit des Montesi-Prozesses bis zur Raserei.

Er isst gern Nudeln und Lammbraten und trinkt gern Rotwein. Ich esse gern Brotsuppe, Omelette und Gemüse.

Er pflegt zu sagen, dass ich vom Essen nichts verstehe und

einem robusten Mönch gleiche, der im Schatten des Klosters seine Gemüsesuppe verschlingt; er aber ist ein Feinschmecker mit einem empfindlichen Gaumen. Im Restaurant erkundigt er sich ausführlich nach den Weinen; er lässt sich zwei oder drei Flaschen bringen und betrachtet sie nachdenklich, indem er langsam seinen Bart streichelt.

In England gibt es Restaurants, wo die Kellner eine kleine Zeremonie zelebrieren: sie gießen dem Gast einen Schluck Wein ins Glas, damit er prüfen kann, ob der Wein nach seinem Geschmack ist. Er hasste diese Zeremonie und hinderte den Kellner jedes Mal daran, indem er ihm die Flasche aus der Hand nahm. Ich machte ihm Vorwürfe, indem ich ihm sagte, man sollte es jedermann gestatten, seine Pflichten zu erfüllen. So will er auch im Kino nie, dass die Platzanweiserin ihn zu seinem Platz begleite. Er gibt ihr sogleich das Trinkgeld und flieht dann auf Plätze, die weit von denen entfernt sind, die ihm die Angestellte mit der Taschenlampe gezeigt hat.

Im Kino will er ganz nahe vor der Leinwand sitzen. Wenn wir mit Freunden da sind und diese, wie die meisten Leute, einen von der Leinwand fernen Platz suchen, so geht er allein auf seinen Platz in einer der ersten Reihen. Ich sehe aus der Nähe und aus der Ferne gleich gut; da ich aber mit Freunden zusammen bin, bleibe ich aus Höflichkeit bei ihnen, bin aber unglücklich, weil es möglich ist, dass er auf seinem Platz, zwei Handbreit vor der Leinwand, beleidigt ist, dass ich mich nicht neben ihn gesetzt habe.

Wir gehen beide gern ins Kino und sind bereit, zu irgendeiner Tagesstunde irgendeinen Film anzusehen. Er aber kennt die Geschichte des Films bis in die kleinsten Einzelheiten, erinnert sich an alle Regisseure und Schauspieler, auch an solche, die schon lange vergessen und verschwunden sind, und er ist bereit, Kilometer zurückzulegen, um in den entferntesten Vorstadtkinos uralte Stummfilme zu sehen, in denen, wenn auch nur für Sekunden, ein Schauspieler auftritt, der ihm aus frühester Kindheitserinnerung lieb ist. Ich erinnere mich noch an einen Sonntagnachmittag in London. In einer weit entfernten Vorstadt an der Grenze zum Land wurde ein Film über die Französische Revolution gegeben, ein Film aus dem Jahr 1930, den er als Kind gesehen hatte und in dem für ein paar Augenblicke eine berühmte Schauspielerin jener Zeit auftrat. Im Wagen gingen wir auf die Suche nach der weit entfernten Straße; es regnete, es war neblig, und wir fuhren Stunden und Stunden durch immer gleiche Vorstädte, zwischen grauen Reihen von kleinen Häusern, Dachrinnen und Straßenlaternen; ich hatte den Stadtplan auf den Knien, und es gelang mir nicht, ihn zu lesen, und er wurde zornig; endlich fanden wir das Kino und setzten uns in den leeren Saal. Aber nach einer Viertelstunde, gleich nach dem Auftritt der Schauspielerin, auf die es ihm ankam, wollte er schon wieder weggehen; ich aber wollte nach einem so weiten Weg wenigstens sehen, wie der Film aufhörte. Ich weiß nicht mehr, ob er seinen oder ich meinen Willen durchsetzte; wahrscheinlich gingen wir nach einer Viertelstunde, weil es spät und schon Zeit zum Abendbrot war, obwohl wir am frühen Nachmittag aufgebrochen waren. Aber ich bat ihn, mir zu erzählen, wie die Geschichte weiterging, erhielt aber keine befriedigende Antwort; denn er sagte, die Geschichte sei ganz unwichtig, das Einzige, was zählte, waren jene wenigen Augenblicke, das Profil, die Geste, die Locken jener Schauspielerin.

Ich erinnere mich nie an die Namen der Schauspieler, und da ich keinen Blick für Physiognomien habe, erkenne ich manchmal auch die berühmtesten nur mit Schwierigkeit. Das ärgert ihn sehr, und wenn ich ihn frage, wie dieser oder jener heißt, ruft er voll Verachtung: »Du willst doch nicht sagen, dass du William Holden nicht erkannt hast!«

Ich habe William Holden tatsächlich nicht erkannt. Und doch gehe ich gern ins Kino; aber ich habe mir in den vielen Jahren, seit ich hingehe, keine Kenntnisse erworben. Er jedoch ist in allen Dingen, die seine Neugierde anzogen, ein Kenner geworden. Ich bin in nichts Kenner, nicht einmal in den Dingen, die ich am meisten im Leben liebte: sie blieben in mir als verstreute Bilder und nährten mein Leben mit Erinnerungen und Empfindungen, aber den wüstenähnlichen Zustand meiner Bildung verwandelten sie nicht.

Er sagt, mir fehle das Interesse: aber das stimmt nicht. Ich interessiere mich für wenige, sehr wenige Dinge, und wenn ich sie einmal kenne, so bewahre ich von ihnen ein paar vereinzelte Bilder, die Kadenz eines Satzes oder eines Wortes im Gedächtnis. Meine Welt, in der solche Kadenzen und Bilder auftauchen – voneinander getrennt und doch verbunden durch mir selber unsichtbare Fäden – ist öde und melancholisch. Seine Welt dagegen ist üppig groß, reich bevölkert und bepflanzt, eine fruchtbare und wohl bewässerte Landschaft, wo es Wälder, Weiden, Baumgärten und Dörfer gibt.

Für mich ist jede Tätigkeit sehr schwierig, anstrengend und ungewiss. Ich bin sehr faul, und es ist für mich absolut notwendig, lange Stunden müßig auf Sofas herumzuliegen, wenn ich etwas fertigbringen will. Er ist nie müßig, er tut immer etwas; er schreibt sehr rasch auf der Maschine mit angedrehtem Radio, und wenn er nachmittags ausruht, so hat er zu korrigierende Druckbogen oder ein Buch voller Notizen bei sich; er will, dass wir am gleichen Tag ins Kino, dann an einem Empfang teilnehmen und schließlich ins Theater gehen. Er bringt es fertig, an einem Tag tausend verschiedene Dinge zu erledigen und die verschiedensten Leute zu treffen, und wenn ich allein bin und versuche, es zu machen wie er, komme ich nirgends hin, weil ich dort, wo ich eine halbe Stunde bleiben wollte, den ganzen Nachmittag hängen bleibe oder weil ich mich verirre und die Straßen nicht finde oder weil die langweiligste Person, die ich am wenigsten sehen mochte, mich an den Ort schleppt, wo ich am wenigsten hinzugehen wünschte. Wenn ich ihm erzähle, wie einer meiner Nachmittage verlaufen ist, so findet er diesen Nachmittag ganz verfehlt und ärgert sich, macht sich lustig über mich und sagt, dass ich ohne ihn zu nichts zu gebrauchen bin. Ich kann die Zeit nicht einteilen. Er kann es.

Ihm macht es Spaß, zu Empfängen zu gehen. Er geht im hellen Anzug, wenn alle dunkel gekleidet sind; es käme ihm nie in den Sinn, sich für einen Empfang umzuziehen. Er geht auch in seinem alten Regenmantel und in einem zerbeulten Hut, den er in London gekauft hat und den er tief in die Stirn drückt. Manchmal bleibt er nur eine halbe Stunde, weil es ihm Spaß macht, mit einem Glas in der Hand zu plaudern. Er isst viele Kekse, ich fast keine, weil ich sehe, wie viel er isst, und dann aus Anstand und Zurückhaltung wenigstens selber nichts esse. Nach einer halben Stunde, wenn ich mich ein bisschen eingewöhnt habe und mich wohlzufühlen beginne, wird er ungeduldig und schleppt mich mit sich weg.

Ich kann nicht tanzen; er kann tanzen.

Ich kann nicht Maschine schreiben. Er kann es.

Ich kann nicht Auto fahren. Wenn man ihm vorschlägt, er solle auch mich die Fahrprüfung machen lassen, ist er nicht einverstanden. Er sagt, ich würde sie ja doch nie bestehen.

Ich glaube, er ist zufrieden, dass ich in mancher Hinsicht von ihm abhängig bin.

Ich kann nicht singen; er kann singen. Er hat einen Bariton. Wenn er Gesangstunden genommen hätte, wäre er heute vielleicht ein berühmter Sänger.

Wenn er Musik studiert hätte, wäre er vielleicht Dirigent geworden. Wenn er Schallplatten hört, dirigiert er das Orchester mit einem Bleistift. Dazwischen schreibt er auf der Maschine und nimmt das Telefon ab. Er ist ein Mann, dem es gelingt, viele Dinge im selben Augenblick zu tun.

Er ist Professor, und ich glaube, er ist tüchtig.

Er hätte viele Berufe ausüben können. Aber er trauert den Berufen, die er nicht ausüben kann, nicht nach. Ich hätte nur einen einzigen Beruf haben können: den Beruf, den ich wählte und seit meiner Kindheit ausübe.

Ich schreibe Erzählungen und arbeitete während vieler Jahre in einem Verlag.

Ich arbeite nicht schlecht, aber auch nicht besonders gut. Ich legte mir oft Rechenschaft darüber ab, dass ich an keinem andern Ort hätte arbeiten können. Ich hatte mit meinen Arbeitskollegen und mit meinem Chef ein freundschaftliches Verhältnis. Ich fühlte, dass ich ohne dieses nicht hätte arbeiten können.

Ich trug mich lange mit dem Gedanken, einmal ein Filmdrehbuch zu schreiben. Ich hatte aber nie Gelegenheit dazu, oder es gelang mir nicht, die Gelegenheit zu finden. Jetzt habe ich die Hoffnung verloren, je ein Drehbuch zu schreiben. Er hat einmal an Drehbüchern mitgearbeitet, als er noch jung war. Er hat auch einmal in einem Verlag gearbeitet. Er hat Erzählungen geschrieben. Er hat alle Dinge gemacht, die ich machte, und viele andere dazu.

Er kann die Leute gut nachahmen, vor allem eine alte Gräfin. Vielleicht wäre er auch ein guter Schauspieler geworden. In London sang er einmal in einem Theater. Er war Hiob. Er hatte einen Frack leihen müssen und stand im Frack vor einer Art Notenständer und sang. Er sang die Worte Hiobs, es war etwas zwischen Sprechen und Singen. Ich starb fast vor Angst in meiner Loge. Ich hatte Angst, er würde stecken bleiben oder die Frackhose verlieren.

Er war umgeben von Herren im Frack und Damen im Abendkleid, die Engel und Teufel und die anderen Figuren von Hiobs Geschichte darstellten.

Es war ein großer Erfolg, und alle sagten ihm, er habe seine Sache ausgezeichnet gemacht.

Wenn ich die Musik lieben gelernt hätte, dann mit Leidenschaft. Ich verstehe sie aber nicht, und wenn ich ihn zu Konzerten begleiten muss, so lenken mich meine eigenen Gedanken bald von der Musik ab. Manchmal schlafe ich auch ein.

Ich singe gern. Ich kann nicht singen, weil ich kein Musikgehör habe; manchmal singe ich, aber ganz leise, wenn ich allein bin. Ich weiß, dass ich falsch singe, weil die anderen es mir gesagt haben; meine Stimme muss wie das Miauen einer Katze klingen. Ich selber merke es nicht und habe große Freude am Singen. Wenn er mich hört, ahmt er mich nach und sagt, mein Singen habe nichts mit Musik zu tun und sei etwas von mir Erfundenes.

Als Kind summte ich musikalische Motive vor mich hin, die ich selbst erfunden hatte. Es war eine klägliche Melodie, bei der mir die Tränen in die Augen traten.

Es ist mir nicht so wichtig, dass ich die Malerei und die bildenden Künste nicht verstehe; aber ich leide darunter, dass ich die Musik nicht lieben kann, und ich glaube, dass mein Leben ärmer ist, weil mir diese Liebe fehlt. Aber da lässt sich nichts machen, ich werde die Musik nie verstehen und nie lieben. Wenn ich zuweilen Musik höre, die mir gefällt, kann ich mich schon bald nicht mehr an sie erinnern, und wie könnte ich etwas lieben, das ich nicht im Gedächtnis bewahren kann? Ich kann mich an die Worte eines Liedes erinnern. Ich kann die Worte, die ich liebe, unendlich oft wiederholen. Ich kann auch die Melodie, die sie begleitet, auf meine Art miauend wiederholen und dabei eine Art Glückseligkeit empfinden. Mir scheint, dass ich beim Schreiben einer musikalischen Kadenz folge. Vielleicht ist die Musik meiner Welt sehr nahe, nur bleibt sie mir aus irgendeinem Grund verschlossen.

Bei uns zu Hause hört man den ganzen Tag Musik. Er hat das Radio den ganzen Tag angedreht. Oder er legt Platten auf. Ich protestiere hie und da und verlange ein wenig Ruhe, damit ich arbeiten kann, er sagt aber, dass die Musik so schön ist, dass sie jeder Arbeit nützt.

Er hat auch eine unglaubliche Zahl von Schallplatten gekauft. Er besitzt, sagt er, eine der schönsten Diskotheken der Welt. Morgens stellt er im Bademantel, noch vor Wasser tropfend, das Radio an, setzt sich an die Schreibmaschine und beginnt seinen arbeitsreichen, stürmischen und lärmenden Tag. Er ist in allem temperamentvoll: er füllt die Badewanne, die Teekanne und die Tassen, bis sie überlaufen; er hat eine übermäßig große Zahl von Hemden und Krawatten. Schuhe dagegen kauft er selten.

Als Kind war er, sagt seine Mutter, ein Muster an Ordentlichkeit und Genauigkeit, und als er an einem Regentage auf dem Lande einmal mit weißen Stiefelchen und weißen Kleidern durch schlammige Pfützen gehen musste, war er am Ende des Spazierganges noch genauso weiß wie am Anfang und hatte keinen einzigen Fleck auf Stiefelchen und Kleid. Heute erinnert nichts mehr an ihm an jenes fleckenlose, ordentliche Kind. Seine Kleider sind immer voll Flecken. Er ist sehr unordentlich geworden.

Er bewahrt jedoch mit äußerster Genauigkeit alle Gasrechnungen auf. Manchmal finde ich in Schubladen uralte Gasrechnungen von Wohnungen, die wir seit Langem verlassen haben, und er weigert sich, sie wegzuwerfen.

Ich finde auch uralte, vertrocknete Toscani-Zigarren und Mundstücke aus Kirschenholz.

Ich rauche lange Stopf-Zigaretten, ohne Filter. Er manchmal diese Toscani-Zigarren.

Ich bin sehr unordentlich. Seit ich älter geworden bin, sehne ich mich jedoch nach Ordnung und räume manchmal mit großem Eifer Schränke neu ein. Ich erinnere mich dabei, glaube ich, an meine Mutter. Ich räume Wäsche und Wolldecken in die Schränke und decke im Sommer jede Schublade mit weißen Tüchern zu. In meinen Papieren dagegen mache ich nur selten Ordnung, weil meine Mutter nicht schrieb und deshalb keine Papiere hatte. Meine Ordnung und meine Unordnung sind voll von Kummer, schlechtem Gewissen und bedenklichen Gefühlen. Seine Unordnung dagegen hat etwas Triumphales. Er hat entschieden, dass für einen Menschen, der wie er studiert, ein unordentlicher Schreibtisch legitim und richtig ist.

Er hilft mir auch nicht, die Unentschlossenheit, Unsicherheit und Schuldgefühle, die ich bei jeder Handlung habe, zu überwinden. Er pflegt über alles, was ich mache, zu lachen und zu spotten. Wenn ich auf den Markt einkaufen gehe, so folgt er mir manchmal und beobachtet mich. Nachher macht er sich lustig über die Art, wie ich einkaufte, über die Art, wie ich die Apfelsinen in der Hand wog, um dann, wie er sagt, ausgerechnet die schlechtesten vom ganzen Markt zu kaufen; er spottet, weil ich eine ganze Stunde brauchte, um meine Einkäufe zu erledigen, weil ich bei einem Stand Zwiebeln, beim andern Sellerie und beim dritten Früchte kaufte. Manchmal kauft er ein, um mir zu zeigen, wie man es viel schneller machen kann: er kauft alles an einem Stand, ohne das kleinste Zögern, und es gelingt ihm sogar, sich die Ware nach Hause schicken zu lassen. Sellerie kauft er nicht, weil er sie nicht leiden kann.

So habe ich immer das Gefühl, alles falsch zu machen. Wenn ich aber entdecke, dass er etwas falsch gemacht hat, so halte ich ihm das bis zur Verzweiflung vor. Denn ich bin manchmal unausstehlich.

Seine Zornausbrüche kommen plötzlich, sie schäumen über wie Bier. Auch meine Zornausbrüche kommen plötzlich. Seine lösen sich aber sogleich in nichts auf, während meine eine klägliche und hartnäckige Missstimmung hinterlassen, die sehr unangenehm ist, wie ein bitterer Katzenjammer.

Ich weine manchmal im Wirbel seines Zorns, und mein Weinen macht ihn nicht mitleidig oder besänftigt ihn nicht, sondern macht ihn noch viel wütender. Er sagt, mein Weinen sei nur eine Komödie, und vielleicht hat er recht. Denn ich bin inmitten meiner Tränen und seines Zorns im Innersten ganz ruhig. Wenn mich etwas wirklich schmerzt, weine ich nicht. Früher warf ich in meinem Zorn Teller und Platten auf den Boden. Jetzt nicht mehr. Vielleicht, weil ich älter geworden bin und mein Zorn nicht mehr so heftig ist; und dann würde es mir heute auch leidtun um unser Geschirr, das ich gern habe und das wir eines Tages in London an der Portobello Road kauften.

Der Preis dieses Geschirrs und vieler anderer Dinge, die wir kauften, ist in seiner Erinnerung stark gesunken. Denn er denkt gern, er habe wenig ausgegeben und ein gutes Geschäft gemacht. Ich weiß, dass dieses Service sechzehn Pfund kostete, aber er behauptet zwölf. So auch das Bild von König Lear in unserem Esszimmer, das er ebenfalls in Portobello kaufte und mit Zwiebeln und Kartoffeln reinigte, heute nennt er dafür eine Kaufsumme, die ich als viel höher in Erinnerung habe.

Er hat vor Jahren in einem Kaufhaus zwölf Bettvorleger gekauft. Er kaufte sie, weil sie wenig kosteten und es ihm darum richtig erschien, einen Vorrat anzulegen; er kaufte sie auch in polemischer Absicht, weil er fand, ich sei nicht fähig, etwas für den Haushalt anzuschaffen. Diese Bettvorleger aus braunrotem Strohgeflecht waren in kurzer Zeit abgenutzt, hart und rau, und ich hasste sie, wenn ich sie am Draht des Küchenbalkons aufgehängt sah. Ich pflegte sie ihm als Beispiel eines schlechten Einkaufs vorzuhalten; er sagte aber, sie hätten wenig, sehr wenig, fast nichts gekostet. Es brauchte lange Zeit, bis es mir gelang, sie wegzuwerfen: es waren so viele, und im Augenblick, da ich sie wegwerfen wollte, kam mir der Gedanke, sie könnten vielleicht noch als Scheuerlappen verwendet werden. Wir haben beide, er und ich, eine gewisse Mühe, gebrauchte Dinge wegzuwerfen: bei mir muss das eine Art jüdischer Bewahrungstrieb und das Ergebnis meiner Unentschlossenheit sein, bei ihm ein Schutz gegen seine Impulsivität und seine Unfähigkeit zu sparen.

Er pflegt Aspirin und Bikarbonat in großen Mengen einzukaufen.

Er erkrankt manchmal an geheimnisvollen Krankheiten, er kann nicht erklären, was ihm fehlt; er liegt den ganzen Tag in seine Leintücher gehüllt im Bett; man sieht nur seinen Bart und seine rote Nasenspitze. Dann nimmt er Bikarbonat und Aspirin in Dosen für ein Pferd und sagt, ich könne ihn nicht verstehen, weil ich immer gesund bin wie einer dieser robusten Mönche, die sich gefahrlos Wind und Unwetter aussetzen; er dagegen ist empfindlich und zart und leidet an geheimnisvollen Krankheiten. Abends ist er dann wieder gesund und geht in die Küche, um sich Nudeln zu kochen.

Als junger Mann war er schön, mager und zerbrechlich und hatte noch keinen Bart, aber einen langen und weichen Schnurrbart und glich dem Schauspieler Robert Donat. So war er vor zwanzig Jahren, als ich ihn kennenlernte. Er trug, wie ich mich erinnere, elegante schottische Hemden aus Flanell. Er begleitete mich eines Abends zur Pension, wo ich damals wohnte, wir gingen miteinander die Via Nazionale hinunter. Ich fühlte mich schon sehr alt und beladen mit Erfahrungen und Irrtümern, und er schien mir noch ein Junge, von dem mich tausend Jahre trennten. Was wir uns an jenem Abend auf der Via Nazionale sagten, ich kann mich nicht mehr daran erinnern; nichts Wichtiges, nehme ich an; der Gedanke, dass wir eines Tages verheiratet sein würden, war viele Jahrhunderte von mir entfernt. Dann verloren wir uns aus den Augen, und als wir uns wieder begegneten, glich er nicht mehr Robert Donat, sondern eher Balzac. Er trug immer noch schottische Hemden, die jetzt aber an ihm aussahen wie Kleider für eine Nordpol-Expedition; er hatte einen Bart und trug den zerbeulten Hut auf dem Kopf, und alles an ihm ließ eine bevorstehende Abreise zum Nordpol vermuten. Denn obwohl ihm immer heiß ist, kleidet er sich doch häufig, als sei er von Schnee, Eis und Eisbären umgeben, manchmal kleidet er sich auch wie ein Kaffeepflanzer in Brasilien; auf jeden Fall kleidet er sich immer anders als andere Leute.

Wenn ich ihn an jenen vergangenen Spaziergang auf der Via Nazionale erinnere, behauptet er, sich auch zu erinnern, ich weiß aber, dass er sich an nichts erinnert, und ich frage mich manchmal, ob wir diese zwei Menschen sind, die vor fast zwanzig Jahren durch die Via Nazionale gingen, zwei Menschen, die freundlich und höflich in der untergehenden Sonne miteinander plauderten und dabei wohl ein bisschen von allem und von nichts sprachen; zwei liebenswürdige Gesprächspartner, zwei junge Intellektuelle auf einem Spaziergang, so jung, so wohlerzogen und so bereit, ein zerstreutes und wohlmeinendes Urteil über den andern abzugeben, so bereit, sich vom andern an jener Straßenecke im Sonnenuntergang für immer zu trennen.

IN UN CAFFÈ ALL'IMBRUNIRE /
IN EINEM CAFÉ IN DER
DÄMMERUNG

von Mario Di Leo, 2005

*Das Lied handelt von einer Frau, deren Mann
sehr früh gestorben ist. Als junge, schöne Witwe
steht sie im Dorf unter verschärfter Beobachtung.
Aus Angst vor dem Gerede der Leute lässt sie
sich nie auf eine neue Liebe ein – was sie am
Ende ihres Lebens tief bereut.*

*Der getragene südamerikanische Rhythmus
vertont dieses Gefühl von unerfüllter Sehnsucht
und Schwermut.*

IN UN CAFFÈ ALL'IMBRUNIRE

Seduta in un caffè, affacciato in riva al mare
Fra il profumo dei limoni giocava il maestrale
E una vela che lontano tramontava
Le navighò un ricordo che parlare più non sa

La luce all'imbrunire univa il cielo al mare
E sul suo vino dolce lacrime amare
Quando le larghe rughe di una vecchia fotografia
Velavano un amore di tanto tempo fa

»Non voglio no, non voglio più ricordi
Non voglio no, non voglio ricordare
Non voglio no, non voglio più sbagliare
Chè se lo faccio mi metto a maledire
O a capire, che ricordare
In fondo è un po' morire, sì morire …«

IN EINEM CAFÉ IN DER DÄMMERUNG

Sie saß in einem Café am Meer
Der Mistral spielte mit dem Duft der Zitronen
Ein Segelboot verschwand am Horizont
Es brachte die Erinnerung an einen Geliebten, der
nicht mehr spricht

Die Dämmerung eint Himmel und Meer
Und in ihren süßen Wein fielen bittere Tränen
Als sie eine alte, zerknitterte Fotografie betrachtete
Das Bild einer Liebe aus längst vergangener Zeit

»Ich will nicht mehr, keine Erinnerung mehr
Ich will nicht mehr, mich nicht erinnern
Ich will nie wieder diesen Fehler machen
Und wenn es doch passiert, werde ich fluchen
Oder begreifen, dass Erinnerungen schwer sind wie
der Tod …«

Le note di un canto antico carico di sale
Battevano sul suo viso come batte il maestrale
Incerta s'alzò da quel tavolino
Alzando in alto il calice di lacrime e di vino

»Brindo all'amore, brindo al dolore
All'allegria e alla pazzia
A tutto quello che mai più avrò
A tutto quello che mai mi sfiorò«

Die Melodie eines alten Gesangs voller Weisheit
Wehte ihr ins Gesicht wie der Mistral
Unsicher stand sie vom Tisch auf
Erhob ihr Glas voller Tränen und Wein

»Ich stoße an auf die Liebe und den Schmerz
Auf die Freude und die Lebenslust
Auf alles, was ich nie wieder haben werde
Auf alles, was ich nie hatte«

JOLE

von Carlo Emilio Gadda

CICERO WAR DER KLASSIKER, der Onkel war der Neoklassiker. Und alle beide kamen »nach reiflicher Überlegung« übereinstimmend zu dem Schluss: Wenn wir denn »einige Bedürfnisse befriedigen« müssen, ist es ratsam, dass wir dies »so versteckt wie möglich« tun, damit nicht die Feuerwehr angerast kommt oder der Krankenwagen vom »Grünen Kreuz«.

Die Süßspeise war ausgezeichnet:

»Hat's Ihnen geschmeckt, junger Herr?«, fragte Luigia beim Abräumen. »Dann, wenn's recht ist, geh ich auch aus … einen Moment. Antonio wird zum Abendessen zurück sein.«

Gigi«, nun allein im Haus, erwartete, im Glanz seiner neunzehn Jahre, die Ankunft der »Rationalen Erziehung der Jugend nach modernen Konzepten der Ethik«, welche ihm der Onkel auf zwei Uhr nachmittags hatte versprechen lassen: und die ihn von jedem Übel heilen würde. Denn dann wollte er sogleich lossausen, um Paolo abzuholen, und zusammen wollten sie zum Stadion San Siro sausen: die Ambrosiana war diesmal in Form.

Indes hütete er die gräfliche Strenge des Hauses, aber er fühlte, dass in diesen Korridoren und in der Nachbarschaft der Nähmaschine es ein hoffnungsloses Übel sei, neunzehn Jahre alt zu sein.

Die Klingel schellte, und der junge Graf – das »Personal« war abwesend – ging persönlich öffnen. In seinen Schritten und in seinen Bewegungen lag ein perfekter Stil, ein leichter Flaum beschattete seine Oberlippe: in Latein hatte er eine Sechs: in Italienisch eine Fünf: in Mathematik Drei, wenngleich, um gerecht zu sein, manchmal auch eine Vier. Die Anmut des Gesichts war der schönste Ausdruck dessen, was die Eloquenz der Väter und der Lehrer vermag, um eine reine Jünglingsseele zu formen. Dieser Knabe jedoch war plötzlich, trotz aller Fürsorge, neunzehn Jahre alt geworden.

Er meinte, nun seien Domenico und die Ethik eingetroffen: und, mit der Ethik, der freie Nachmittag: sodass das Fieber, das er im Blut hatte, nunmehr mit seinem ehrlichen Namen genannt werden dürfte, nämlich »Ungeduld« (die Ungeduld, das Fußballspiel der »Ambrosiana« zu sehen). Das war eine Art, die Dinge in absoluter Kohärenz mit seiner Erziehung zu bezeichnen.

Als er aber öffnete, war es nicht Domenico. Ein Mädchen stand vor ihm, prächtig, ein Kind der Freude und des Wunders, wenn auch von gedrücktem Respekt übertüncht und stümperhaft aufgetakelt.

»Der Herr Graf schickt mich, diese Bücher abzugeben ...«, sagte sie und nickte grüßend mit dem Kopf: und indem sie mit den Augen ihn weiter anschaute: »... und um zu sagen, dass man sich keine Sorgen zu machen braucht ...«

»Kommen Sie herein!«, sagte Gigi im Ton eines echten Neffen dieses Grafen.

»... weil der Arzt nichts Ernstliches gefunden hat ...«,

und sie streifte ein Löckchen zurück, den Neffen des Dienstherrn untertänig und fest anschauend.

Der Geruch des Mädchens – zusammengesetzt, theoretisch, nur aus Kölnisch Wasser und ein wenig Puder – hatte schlagartig jenen so hochherrschaftlichen der alten Tapeten und des Bohnerwachses besiegt: er hatte sich wie ein fürchterlicher Hohn ausgebreitet unter der Nase der vier gelben, verehrungswürdigen Vorahnen im Halbdunkel des Eingangs: wo sie, an der Wand hängend, zwei links und zwei rechts, jeder für sich von ihrem Holzwurm zernagt werden.

Sie hatte ein schönes Sonntagskleidchen an, hell wie die Träume des Frühlings: aber das zarte Gewand ruhte über zwei in ihrem Spielraum so freien Brüsten, dass sie ein lebendes Hohngezirp auf alle Ethiken des Menschlichen Geschlechts zu sein schienen: auf alle Pflichten, auf alle Vorschriften, auf alle Ermahnungen, alle Strafen: selbst auf die Gefängniszellen, in denen Gian Carlo saß und sich, in Erinnerungsträumen, die Nägel zerbiss. Aber Jole war nicht die Schwester von fünf Brüdern: und, als die Tür geschlossen war, gab sie genaueren Aufschluss:

»… Der Graf ist im Bett, aber es ist nur eine leichte Unpässlichkeit …«, (sie wollte nicht von den Brokkoli sprechen, auch nicht vom Rizinusöl), »… er möchte nur ruhen; wie ihm auch der Arzt, gleich nachdem er ihn untersucht hat, empfiehlt; es ist auch die Caterina zu Hause, obwohl auch sie sich nicht sehr wohlfühlt … immer mit dieser Zugluft und diesen … Wetterumschlägen … von warm zu kalt … Er hat mich beauftragt, diese Bücher zu bringen und dieses Briefchen für die Frau Gräfin … weil Domenico heute nach Hause gefahren ist …«

Der Redefluss hatte sich gelöst (die Pflicht, sich der Auf

träge zu entledigen), er schlängelte sich zwischen den Prell-steinen des Zeremoniells hindurch.

»Ah«, sagte Gigi, als ob er sagen wollte: »Jetzt versteh ich«, und nahm, mit langsamer Geste, das Buch und das Brief-chen. Fürchterliche Hoffnungen warfen die fürchterliche Liste seiner Pflichten durcheinander.

»Das werden die Bücher des Onkels sein ...«, und er wollte das Päckchen öffnen.

»Ich glaube, ja, junger Herr ... Er hat mir auch aufgetra-gen, die besten Glückwünsche auszurichten ...«, sagte das Mädchen, lächelnd. »...Wenngleich ... ich ... mich gefürch-tet habe! ...«, und sie errötete tatsächlich. Was Gigi sich nicht erklären konnte, nachdem er die beiden Bücher weg-gelegt hatte, war, dass das Mädchen sich nicht schämte, mit ihm allein zu sein: aber das Mädchen, natürlich, konnte ja nicht ahnen, dass alle anderen weg waren.

»Nun, junger Herr, wenn Sie sonst nichts ...«

Es gab eine Pause: wie einen Wirbel, der das Ereignis zu-rücksaugt, während der schwanke Schaum der Hoffnung sich in der Dunkelheit aufzulösen scheint, wie das Unge-stüm der in die heulende Brandung des Ozeans zurückge-worfenen Flut.

Gigi zog eine Schublade auf, als suche er etwas, einen Bleistift, in der Erregung einer dringlichen Pflicht; er sagte: »Warten Sie einen Moment!«: er ging nach nebenan, ließ Jole verdutzt stehen, kam mit einem Papiermesser zurück, sagte nochmals zu ihr: »Warten Sie einen Moment!«, nahm eines der Bücher, »setzen Sie sich! ... ich wollte nur etwas nach-schauen, hier in dem Buch ...« Aber Jole setzte sich nicht. Sie lächelte, ahnungsvoll, bewundernd, gepackt von wun-derlicher Ängstlichkeit.

Gigi konnte dieses Lächeln nicht sehen, er schnitt in einer Art automatischer Hast Seiten auf, nachdem die blöde Geschwollenheit der Widmung ihm durch den Kopf geflattert war wie der Flug einer Fledermaus durchs Dunkel.

Eine einzige Idee schien ihm, in der philosophierenden Welt, von Belang: Jole aufzuhalten! »... Erziehen«, las er im Flug, »bedeutet, die jungen Gemüter zur Ausübung der Tugend zu erheben, indem man gleichzeitig dem Körper die zur Ruhe und zu den gymnastischen Übungen nötigen Stunden zugesteht ...« Er brannte in allen Adern, zitterte beinah. Er sah, wie sinnlos alle Pfropfen gegen den Ansturm der Welt waren. Oh! ... Wenn Jole fortging ... »In der Tat, auch im antiken Rom, dem großen Rom voller Mannestugend ...« Entfesselte Hoffnungen hämmerten ihm in den Schläfen und im Herzen ..., »das die Welt mit der Heldenhaftigkeit seiner Taten beherrschte ...«, noch war die Jole da, noch, »... galt der Sinnspruch oder, wie man auch sagen kann, das Sprichwort, *mens sana in corpore sano*«.

Jole hatte das Gesicht gesenkt, sanft, weil das Warten, gewiss, eine Pflicht war; schließlich war der junge Graf der Neffe des Grafen. In seinem Wohlgeruch schien ihr Busen vor Unbeweglichkeit zu beben. Gigi dachte, suchte, zitternd: »... weshalb, ich wiederhole, wir ausgehen werden von Rom, der Großen Mutter. Und wir werden die Erziehung einteilen in geistige, moralische, physische ...« Die vom Onkel derart gespaltene und geviertelte Erziehung würde ihm nun nichts mehr rauben ... Und die Mama? Die Mama! Dieser Gedanke versetzte ihn, unversehens, in Bestürzung. Aber die Mama war in Brugnasco!

Er ging wieder zurück, ließ das Papiermesser, ließ das Buch liegen, das Briefchen hatte er im Vorzimmer vergessen. Er ging ins Vorzimmer zurück, ohne den Mut zu haben, Jole anzuschauen, als wenn die Augen der Mama, fest und grau, ihm nachspürten. Aber was ihn am meisten in Schrecken versetzte, war, dass er nicht recht wusste, dass er fürchten musste, dass er nie, nie und nie auch nur hatte versuchen können; etwas nur vom Hörensagen zu kennen, zwischen einer Pflicht und der nächsten, zu kennen durch irgendeinen »schlechten Gefährten«. Und auch jetzt war der Versuch schon eine Schuld, auf die Schuld folgte dann die Strafe … vielleicht Polizeihaft? … Aber Jole hatte keine fünf Brüder … Doch das Gesetz schützt alle Mädchen, auch die ohne Brüder … Und die Polizeihaft ist gleich für alle! …

Vielleicht war er ein Entarteter … Ein Brocchi, der an »Sittenverderbtheit« litt …

Der Spiegel, voller melancholischer Schatten, warf ihm das Leuchten seines Gesichtes zurück: Es war, wie ihm vorkam, das Gesicht eines schönen Jungen: wenn es nur nicht diesen Bartflaum gehabt hätte …

»Oh! Elend des Lebens!«, dachte er, während Jole, lachend, zuschaute, wie er verzweifelt umherging, als suche er vergeblich das Telefonbuch: »So viel Böses und Schändliches, was man, in einer Welt, die den Namen verdient, vielleicht ganz einfach mit der Formel ausdrücken könnte: ›Brocchi, Luigi, neunzehn Jahre alt‹.«

»Graf?« »Ja, Graf: vielmehr junger Graf.« Und er vermeinte, sich selbst zu erblicken, in der Welt der richtigen Beleuchtung und der wahren Gedanken, wie er von der Barmherzigkeit Gottes ein präventives Verzeihen erflehte, um, endlich, ein Mann sein zu können.

Das Mädchen zögerte, lächelnd.

»… Aber die Frau Gräfin? …«, wagte es zu sagen, und

blickte auf die Tür des Vorzimmers, als ob die hohe und schwarze Gestalt dort erscheinen könnte, starr, unbewegt.

»… Die Mama ist auf dem Land, heute …«, sagte Gigi, neuen Mut schöpfend, und schaute sie fest an …

»… In der Portiersloge war niemand …«, fügte Jole hinzu, als wolle sie damit ihre Unkenntnis rechtfertigen. Doch erst später wurde Luigi die Tiefsinnigkeit dieser Bemerkung bewusst.

Und ihre Natur erbebte wie aus Freude und hingebungsvoller Kraft.

»… Ich habe Sie so oft gesehen, junger Herr … in der Via Marco Polo …«

Gigi sagte nichts, nur einen Augenblick lang setzten seine Lippen zum Sprechen an, aber er verzichtete darauf: er schien zu zittern: errötete: das Mädchen fand ihn hinreißend.

»…Wie oft hab ich Sie schon gesehen! … auch in der Via Vettor Pisani! … hab ich Sie gesehen, … vielmehr angeschaut … Und ich versuche auch immer, dass ich die Tür aufmachen kann, wenn Sie zum Onkel kommen … zum Herrn Grafen … aber Domenico hat Anweisung, dass er öffnen geht …«

»Ich, nun, auf der Straße … da hab ich versucht, Sie zu sehen … Ihnen zu begegnen, absichtlich … Ich mache absichtlich den ganzen Umweg, von der Via Flavio Gioia, Via Amerigo Vespucci, zur Via Cristoforo Colombo … Aber Sie …«, schloss sie in einem tragischen Tonfall, »kümmern sich nicht um mich, können sich nicht kümmern! … Ist auch richtig so …«

»…Wieso? …«, sagte Gigi, noch mehr errötend: »Ich bin auch ein Mann …« Das war die Wahrheit, endlich sprach er mit den Worten der Wahrheit.

»Sie … Sie … sind noch ein Junge, junger Herr!«, sagte

leicht spöttisch die Schöne. »… aber ein wunderschöner Junge … Glauben Sie's nicht? …«

»Ich weiß nicht … ich habe nie darauf geachtet … aber Sie, Sie sind bestimmt viel hübscher als ich …«

Die außergewöhnliche, geradezu modernistische Neuheit dieser Worte hinderte die beiden jungen Leute nicht, sich einander – sich anblickend – zu nähern, gar zu berühren. Die Brüste Joles kamen, wie ein gewaltiges Versprechen, Gigis kantigem Thorax entgegen. Nun war jegliches mütterliche Veto dahin. Sein Arm, der verzweifelt hinter ihre Nieren geführt wurde, zwang die machtvolle Gestalt zu einem Bogen: die duftenden Arme der süßen Frau hoben sich, die Hände verschränkten sich hinter dem Nacken des jungen Herrn.

Es gibt, leider, in den Abhandlungen über die Pflichten keine ausreichend analytische Nomenklatur für den Katalog derartiger Regelwidrigkeiten: aber die neuen Unannehmlichkeiten, welche Jole dem Hause Brocchi nun bescheren musste, blieben nicht auf so weniges begrenzt. Die endgültige Unannehmlichkeit kommt jetzt.

Glühende Küsse pressten sich auf den Mund des jungen Mannes, und die Finger des Mädchens stahlen sich wie zwei teuflische Kämme ins dichte Haar, verscheuchten daraus die keuschesten Gedanken, drückten und herzten diesen Kopf. Ihre Brüste boten sich dem männlichen Zugriff als wundervoll reale Dinge aus der Welt der guten Ratschläge.

»… Junger Herr, nein, nein …«, sagte sie, »… nicht hier, wir können hier nicht …«

Gigi hielt sie mit dem linken Arm fest und schloss harsch die Tür mit dem Schlüssel ab. Sie immer noch haltend, schleppte er sie wie eine süße Beute dorthin, wo die Liebe voller und wahrer sein konnte.

SELBSTMORD EINES LIEBESPAARES

von Ermanno Cavazzoni

EINE GEWISSE MARIETTA, die verheiratet und unglücklich war, hatte einen ebenfalls unglücklichen Geliebten. Schuld an diesem Unglücklichsein war hauptsächlich die Veranlagung der beiden und nicht nur die Bedrängnisse ihrer gegenseitigen Beziehung. Eigentlich trafen sie sich, um miteinander zu weinen und betrübt zu sein. Der Geliebte, der Paride Germi hieß, versprach seiner Geliebten, sie würden sich eines Tages in einem Hotel umbringen, und die bewusste Marietta (das ehemalige Fräulein Nosèi) umarmte ihn und weinte und sagte: »Versprich es mir!« Und Paride erwiderte: »Ich versprech es dir.« Man bedenke, hätten sie beide ein anderes Temperament gehabt, so hätten sie weiterhin ein normales oder beinahe normales Liebespaar bleiben können. Aber sie schwelgten im Unglück, wie andere im Glück schwelgen.

Also verabreden sie sich morgens um zehn im Hotel Regina in der Via Makallè. Paride Germi hatte einen Revolver. Wahrscheinlich wollte er zuerst auf Marietta schießen, um sich dann selbst, im Bett neben ihr liegend, zu erschießen. Aber der erste Schuss ging ihm zu früh los, wie sich dann auf der Polizei herausstellte, und bohrte ihm unglücklicherweise ein Loch ins Bein. Dann schoss er auf Marietta, die ihn unter Tränen anflehte. Aber die Pistole war alt und der Schuss ging daneben. Die Patronen stammten noch aus dem letzten Weltkrieg, Restbestände »Kaliber neun«, und die Messingteile waren, wie man sah, vollkommen oxydiert. Paride Germi erklärte dann, die oben genannte Marietta habe ihn mit verzweifelter Kraft auf die Hand geküsst und ihn angefleht, er solle sie umbringen. Obwohl es sich aber um einen automatischen Revolver handelte, wollte er ihn neu laden, er weinte aber so sehr, dass er nichts sah, und Marietta war ihm so nahe auf den Leib gerückt und schluchzte dermaßen, dass ihm noch einmal ein ungewollter Schuss losging, und zwar durch seinen Schuh und Fuß hindurch. Dieser Schuss tat ihm weh, während er beim ersten, der in den Schenkel ging, kaum etwas gespürt hatte. Dann wurde von draußen an die Tür geklopft, weil die drei Revolverschüsse ziemlich laut gewesen waren. Paride Germi antwortete sehr geistesgegenwärtig, er habe sie auch gehört. Und Marietta flehte: »Mach Schluss mit mir«, und fügte noch andere liebestrunkene Worte hinzu. Paride Germi fühlte sich einer Ohnmacht nahe, vor allem beim Anblick seines blutenden Schuhs. Aber da ging noch ein Schuss los; Germi sagte, er verstehe nichts von Waffen, habe noch nie eine in der Hand gehabt, und diese Pistole sei ziemlich empfindlich oder habe einen Defekt am Drücker. Überdies zitterten ihm die Finger, weil die Geschichte nun schon so weit fortgeschritten war. Der Schuss durchbohrte die Wand und zerschmetterte einen Spiegel im Zimmer nebenan, wo ein Hotelgast sofort um Hilfe rief. Bevor der Portier zusammen mit einem Gepäckträger und dem vereidigten Wächter Mèsoli Silvio die Tür aufbrach, schaffte es Paride Germi noch, einen letzten Schuss abzugeben, wobei er etwas ruhiger zielte. Aber er sagte, er habe absolut nichts gesehen und sei wie im Delirium gewesen; anstatt Marietta in die Brust zu treffen, durchbohrte er auch mit diesem Schuss die Wand zum anderen Zimmer. Darauf wurde er festgenommen und entwaffnet, ohne Widerstand zu leisten. Seinen Revolver, der noch zwei Schüsse enthielt, gab er freiwillig ab.

Er wurde wegen versuchten Totschlags verurteilt, bekam aber mildernde Umstände und verlor den Gebrauch eines Fußes. Der Fall ereignete sich am 6. Oktober 1950 in Genua und ist berühmt geworden.

GIADA

von Silvia Avallone

1 VORMITTAGS, gegen elf, zog sie den Rollladen der Balkontür hoch und warf durch den Vorhang einen Blick nach draußen. Und wenn auf der Straße nicht allzu viel los war, schlüpfte sie hinaus. Gähnend lehnte sie sich an den Mauerpfosten und streckte ihren gerade erwachten, vom Schlaf zerknautschten Körper.

Jeden Tag um die gleiche Zeit in diesem glühend heißen Sommer 2003.

Sie breitete ein Handtuch auf dem Balkon aus und legte sich so, wie sie war, darauf: in einem leichten weißen Baumwollnachthemd oder in einem Sommerpyjama mit blauen Blümchen. Einer dieser Schlafanzüge aus Höschen und Trägershirt, deren Stoff so dünn ist, dass man fast alles sieht. Sie streckte sich auf dem einzigen Balkon, über den ihre Hochparterrewohnung verfügte, mit dem Bauch nach oben auf den Fliesen aus, die mitten am Vormittag bereits ganz schön heiß sein mussten.

Sie hatte immer ein kleines Radio dabei, so ein batteriebetriebenes mit integriertem CD-Player. Sie schob die Discohits ein, nach denen man in jenem Sommer tanzte, obwohl sie noch gar nicht in die Disco durfte. Dann wieder zog sie Gigi D'Alessio vor, von dem sie alles auswendig kannte. Sie stellte das Radio neben sich und trällerte mit geschlossenen Augen leise vor sich hin. Sie mochte auch die alten Lieder von Grignani, das beispielsweise, in dem es heißt: *du dagegen, / du lässt mir keinen Ausweg.*

Zeug, das heute keiner mehr hörte, selbst wenn er dafür bezahlt würde. Aber sie schon. Und so lag sie reglos bis zum Mittagessen da und schwitzte inmitten des Betons, während die Sonne auf die Schläfen brannte und kaum einer sich aus dem Haus traute. Zur Freude derer, die sie insgeheim beobachteten …

Eines Vormittags jedoch, Anfang Juli, machte sie etwas Ungeheuerliches. Etwas, das sie noch nie gemacht hatte. Sie zog die Beine hoch, legte die kleinen Füße auf das Geländer und fing an, sich die Zehennägel zu lackieren. Ein pinkfarbener Nagellack, den man noch auf der anderen Straßenseite sehen konnte. Sie lackierte sich die winzigen Zehennägel auf dem Balkon praktisch vor allen, als sei es das Natürlichste von der Welt. Ein paar Strähnen ihres langen blonden Haars fielen ihr über die Augen, doch sie war so konzentriert, dass sie sie allenfalls wegpustete.

An dem Vormittag, an dem sie sich die Zehennägel lackierte, waren es bereits zwei Wochen, dass Marcello extra ihretwegen aufstand. Er ging immer erst um fünf, manchmal auch um sechs Uhr morgens ins Bett. Aber trotzdem stellte er den Wecker stets auf Punkt elf. Er ging mit verquollenen Augen und, wegen des Alkohols und Kokains, schrecklichen Kopfschmerzen in die Küche. Er stellte den Espressokocher auf den Herd. Schließlich nahm er das Tässchen mit ins Schlafzimmer, postierte sich am Fenster und trank den Kaffee, während er dieses Wunder betrachtete.

Sie hatte ihn nicht bemerkt und wäre auch nie auf die Idee gekommen, dass jemand sie beobachten könnte. Ehrlich gesagt hatte nie jemand irgendetwas bemerkt. Und das war gut so, denn wenn im Viertel bekannt geworden wäre, dass ausgerechnet Marcello Garrone jeden Morgen so früh aufstand, um die Jugendliche aus dem Haus gegenüber zu belauern, würden sie ihn bis an sein Lebensende verspotten und nicht mehr respektieren.

Stattdessen prügelten sie sich darum, für ihn Schmiere zu stehen oder ihm ein Mofa zu besorgen, wenn es Arbeit gab, und sie versteckten das Zeug für ihn in der Garage, gaben ihm einen aus und wuschen sein Auto. Er war der unbestrittene König von Villaggio Lamarmora. Ein wichtiger Name für ein Vorstadtviertel, in das kein Carabiniere sich je allein hineintrauen würde.

Aber sie war einfach zu schön. Und Marcello konnte nicht anders. Er wusste weder, wie alt sie war, noch, wo sie zur Schule ging – wenn überhaupt. Mit ein bisschen Mühe hätte er sich ganz beiläufig ein paar Informationen beschaffen können, doch er hatte es vorgezogen, nicht den geringsten Verdacht zu erregen und sie zu lassen, wo sie war: friedlich auf ihrem Balkon, gehüllt in dieses Nichts aus Baumwolle und die Lieder von Gianluca Grignani.

Tatsächlich hatte er in der Bar zufällig ein paar Dinge aufgeschnappt. Dass sie die Tochter eines gewissen Salvatore war, der als Lastwagenfahrer viel unterwegs war. Ein ungefährlicher Vater also. Außerdem hatte sie eine ältere Schwester, Kassiererin bei Conad, die verheiratet war und mit ihren beiden Kindern und ihrem Mann im Haus der Eltern lebte. Sie kamen aus einem winzigen Dörfchen in der Provinz Matera und waren vor zehn Jahren in den Norden gezogen.

Mehr hatte er nicht erfahren. Doch es genügte ihm, um sich vormittags ans Fenster zu stellen, die Ellbogen aufs Fensterbrett zu stützen und in kleinen Schlucken seinen Kaffee zu trinken. Verhext, betört von diesem schlanken sonnengebräunten Körper. Und bei der geringsten Bewegung, wenn sie Anstalten machte aufzustehen oder sich zu ihm zu drehen, versteckte er sich hinter dem Vorhang wie ein kleiner Junge, der beim Stehlen erwischt worden ist, und sein Herz schlug wie verrückt.

Regungen seines Körpers, die er nicht kannte, die er gern auch vor sich selbst verborgen hätte. Er kam sich vor wie dreizehn, wie ein Idiot. Und doch stellte er jede Nacht den Wecker und stand jeden Tag auf mit dem Verlangen, sie zu betrachten. Sein Mädchen im weißen Pyjama. Zu klein, entschieden zu jung, um sich nicht vor den anderen zu blamieren. Er, der im Viertel die schönsten Frauen hatte, bekam in Wirklichkeit Herzklopfen wegen eines kleinen Mädchens.

Und sie war da: real in der Nische aus Stahlbeton ihres Balkons, wie die Madonnen in den kleinen Kapellen, die man bisweilen an den Kreuzungen der Landstraßen findet.

In Villaggio Lamarmora fuhr nie jemand in Urlaub, und nur wenige hatten einmal im Leben das Meer gesehen. Wie Häftlinge: gezwungen, sich totzuschwitzen, von morgens bis abends den ganzen Juli und August hindurch, eingesperrt in ihre Wohnungen bei geschlossenen Rollläden und die Wasserflasche in Reichweite. Aus dem Haus ging man erst nach sechs Uhr abends und auch nur, wenn es unbedingt notwendig war. In dieser Wüste trauten sich nur die Chinesen, bis zum Abendessen geöffnet zu haben.

Wäre es nicht ihretwegen gewesen … Dabei hatte sie nicht einmal einen Namen.

Die Augen geschlossen, bewegte sie die Lippen. Die Strophen von Gigi D'Alessio hallten durch die Via Togliatti, zwischen den Betonkästen, sprangen von Fenster zu Fenster und machten die Runde durch die leeren Höfe und die Tiefgaragen. Und sie lag strahlend und reglos da – gleichsam der Mittelpunkt von allem, der wichtigste Antrieb der Tage Marcellos. Etwas, wofür es sich wirklich lohnte aufzustehen und tief durchzuatmen, trotz der Schwüle, des Smogs und des Elends dieser Straßen, in denen die Müllcontainer überquollen und der Gestank bis in den zehnten Stock hinaufdrang.

Bevor er wieder anfing, sich zu prügeln, zu telefonieren, mit Koks zu dealen, konnte Marcello seine Augen mit Schönheit füllen und insgeheim dahinschmelzen.

Bis zu dem Tag, bis zu eben dem Augenblick, da sie die Beine hochhob und die Füße auf das Balkongeländer stützte und er einen Streifen ihres Höschens erhaschte. Und nun verstand er gar nichts mehr.

Mit ängstlich zitternden Händen zündete er sich eine Zigarette an. Dabei zitterten seine Hände niemals, er war imstande, zwanzig Magazine seiner halbautomatischen Pistole hintereinander leer zu schießen, ohne die Kontrolle auch nur über einen seiner Finger zu verlieren. Und dann fing sie an, sich die Zehennägel zu lackieren, und das blonde Haar fiel ihr ins Gesicht. Und mit drei Zügen war die Zigarette geraucht.

Er war ein Idiot, ja, ein kompletter Idiot. Doch das durften die anderen nicht wissen. Sie trug unterdessen weiter den Nagellack auf jeden ihrer winzigen Zehennägel auf. Und er war nahe dran, den Verstand zu verlieren. Er zog sich eine Linie Kokain rein, um sich Mut zu machen. Wenn es darum gegangen war, eine Spielhalle oder eine Postfiliale auszurauben, hatte er das nie gebraucht. Aber jetzt, verdammt!

Er schlüpfte in ein T-Shirt und Flipflops und ging so, wie er war, in Unterhosen, auf die Straße hinaus.

Eine Gluthitze. Bei jedem Schritt auf dem glühenden Asphalt, der alles zum Kochen brachte, wurde man beinahe ohnmächtig. Er rannte die paar Meter, die ihn von ihr trennten, mit der gierigen Beklommenheit, die das Kokain in seinem Blut auslöste, doch in der Wahnsinnshitze der menschenleeren Straße kam es ihm fast wie in Zeitlupe vor. Alle Rollläden waren geschlossen, kein Lüftchen regte sich, die Luft war erfüllt von Vorahnungen …

Er tauchte vor ihr auf, ein halbes Gesicht, das zwischen ihren Knien hervorlugte. Und sie hätte, als sie ihn bemerkte, beinahe einen Schrei ausgestoßen.

Sie ließ das Nagellackfläschchen fallen, schaltete das Radio aus, schloss sofort schamhaft die Beine und bedeckte sich mit dem Handtuch. Der pinkfarbene Nagellack tropfte noch auf die Fliesen, und Gigi D'Alessio war endlich verstummt.

»Entschuldigung …«, stammelte er. Verwirrt und schwitzend, einen Geschmack von Kaffee und Tabak im Mund und verkatert vom Alkohol am Abend zuvor.

»Was willst du?«, fragte sie erschrocken. Vielleicht aber auch ein bisschen amüsiert über diese merkwürdige Erscheinung.

»Nichts …« Marcello machte eine Handbewegung, als wollte er eine Mücke verscheuchen.

Tatsächlich konnte er keinen klaren Gedanken fassen. Er hätte nicht einmal sagen können, was er da eigentlich machte unter dem Balkon seiner Nachbarin: eines jungen Mädchens im Pyjama, das aus der Nähe nicht nur schön war, sondern das Schönste, das er jemals gesehen hatte.

»Ich bin Marcello …«, brachte er schließlich heraus. »Und wie heißt du?«

Sie brach in Gelächter aus, ein kurzes Lachen, das all ihre weißen geraden Zähnchen entblößte.

»Giada«, erwiderte sie und starrte ihn unverwandt an. Sie musterte ihn von Kopf bis Fuß, auf der Suche nach einem plausiblen Grund dafür, warum ein Unbekannter da plötzlich vor ihr stand und sich wie eine Vogelscheuche von ihren wunderschönen grünen Augen mustern ließ.

Marcellos Hirn war wie ausgetrocknet und sein Körper in Aufruhr. Wenn das im Viertel bekannt würde, wäre es sein Ende.

»Wie alt bist du?«

»Vierzehn«, erwiderte sie unschuldig.

»Und du fährst nicht in die Ferien?«, fragte Marcello, weil er nicht wusste, was er sonst sagen sollte.

»Nein.«

»Ah. Und gehst du in die Schule?«

Wie ein friedliches Tier, das plötzlich unruhig wird, zeigte Giada jetzt Zeichen von Ungeduld: »Hör mal, was willst du eigentlich? Ich kenn dich nicht. Warum stellst du mir all diese Fragen?«

Jetzt kam auch Marcello wieder zu sich. Doch kein Wort, keine Strategie blitzte in seinem Kopf auf, er war vollkommen leer oder nein, er war voll bis obenhin. Der ganze Raum war erfüllt von ihrem Anblick, von der tödlichen Nähe dieses Mädchens, das jetzt einen Namen und ein Alter hatte.

»Nichts, ich habe dich nur beobachtet … Ich wohne dort.« Und er deutete auf sein Fenster, das einzige in der Hauswand gegenüber, das geöffnet und dessen Rollladen hochgezogen war.

»Ach, du hast mich beobachtet … Bravo!«, rief Giada in vorwurfsvollem Ton, der allerdings nicht sehr überzeugend klang.

Dann waren Geräusche in der Wohnung zu hören, und eine weibliche Stimme drang von irgendwoher nach draußen: »Giada! Mit wem redest du da?«

Marcello versteckte sich erschrocken unter dem Balkon.

»Mit niemandem, Mama, ein Klassenkamerad!«, rief sie sogleich.

Und leise fügte sie hinzu: »Oh!« Sie lachte. »Mein Vater ist nicht da, du kannst rauskommen …«

Marcello hatte sich in den dreißig Sekunden, in denen er sich wie eine Katze unter Giadas Balkon verkrochen hatte, unendlich lächerlich gemacht und kam schlagartig wieder zum Vorschein. Er dachte: Verdammt, was tust du hier eigentlich? Nimm dich zusammen!

Und obwohl Giada mit ihrem wunderschönen lichtüberfluteten Gesicht amüsiert lachte, sagte er, als er wieder hervorgekommen war, schroff zu ihr: »Ich muss jetzt gehen. Ciao.«

Er eilte nach Hause, ohne zu wissen, dass gewisse Dinge auf ein Mädchen dieses Alters, das immer nur zu Hause gewesen war, eine verheerende Wirkung haben. Und vor allem wusste er nicht, dass Giada sich in diesen fünf Minuten, in denen sie durch die Gitterstäbe des Balkons ein paar Worte miteinander gewechselt hatten, bereits in den Unbekannten in Unterhosen mit Gel in den Haaren und weit aufgerissenen Augen verliebt hatte.

Zu Hause schickte er seine Mutter zum Teufel, die ihn

fragte, was er zum Mittagessen wollte. Er ging schnurstracks in den Flur, nahm den Telefonhörer und tippte ziemlich wütend Vincenzos Nummer ein.

»He Vincè«, sagte er, noch bevor der andere etwas sagen konnte, »sei in genau einer Stunde vor meiner Wohnung, und bring die Badetasche mit.«

Er legte auf, ohne seinem Freund auch nur den geringsten Handlungsspielraum zu lassen. Heute akzeptierte er keine Einwände. Er war sehr nervös und musste sich abreagieren.

Die »Badetasche« war nichts anderes als das Arbeitsbesteck. Verschiedene Klappmesser, Dietriche, Kopfschützer, alles, was man brauchte, um das Rollgitter eines Geschäfts aufzubrechen oder erfolgreich in eine Villa einzubrechen. Und auch eine Pistole war dabei, halbautomatisch, wie diejenigen der Carabinieri, nur silberfarben.

Giada hatte nach dieser unerwarteten Begegnung angefangen zu träumen.

Als Erstes schrieb sie Marcellos Namen in riesigen Buchstaben in ihr geheimes Tagebuch und umrahmte ihn mit vielen Herzen. Anschließend nahm sie ihre Badeanzüge aus der Schublade; von nun an würde sie sich stets im Bikini auf den Balkon legen, nicht mehr im Pyjama. Stundenlang probierte sie sie vor dem Spiegel an und schminkte sich sogar das Gesicht.

Ihre Familie war nicht dumm. Sie hatten eine gewisse Unruhe bei ihr bemerkt. Nun ist ein Mädchen in ihrem Alter schon von Haus aus ein offenes Buch, doch Giada war es in besonderem Maße. Denn da sie bis dahin immer unter Verschluss gehalten worden war, wusste sie noch nicht, was Liebeskummer ist.

Alle dachten, es handele sich um eine einfache Verliebt-heit, wie sie mit vierzehn ganz normal ist. Ein heftiges Ver-knalltsein, doch ohne Bedeutung, sicher nur in irgendeinen harmlosen Klassenkameraden. Niemand, weder die Mut-ter noch die Schwester, machten sich die Mühe nachzufor-schen oder den Vater darüber zu informieren. Wenn sie ge-ahnt hätten …

Im Grunde wusste Giada ja nichts von Marcello. Weder wie alt er war, noch was er eigentlich machte. Sie kannte nur seinen Namen und sein Fenster. Und so fantasierte sie sich, wie Jugendliche es eben so machen, eine ganze Geschichte darüber zusammen, wer er *in Wirklichkeit* sein könnte – dieser blendend aussehende dunkelhaarige Mann mit den schwarzen Augen, groß und wie gemeißelt, mit dem kan-tigen Kiefer und dem wie in Bronze gegossenen Gesicht –, und hatte sämtliche Ferienaktivitäten eingestellt.

Nach diesem schicksalhaften Tag legte sie sich täglich im Bikini auf ihren Balkon. Allerdings war sie jetzt nicht mehr wie vorher; nun bereitete sie sich ab halb zehn darauf vor, wusch sich die Haare, schminkte sich die Augen und über-legte sich, sobald sie draußen war, jede ihrer Bewegungen, als wäre sie auf der Bühne. Sie stellte die Musik lauter und schloss auch die Augen, öffnete sie jedoch alle drei Sekun-den wieder und schielte nach oben, zu dem Fenster im drit-ten Stock.

Allerdings … Dieses Fenster war jetzt stets geschlossen, und von ihrem Marcello keine Spur. Eine ganze Woche lang, obwohl sie das knappe Bikinioberteil mit den Riemen und das Höschen trug, das zwischen den Pobacken verschwand, Lippenstift und Wimperntusche benutzte und ihr Herz-schlag in jedem Teil ihres Körpers zu spüren war … Nichts.

Eine ganze endlos lange Woche geschah absolut gar nichts.

Marcello hatte sich fest geschworen, dass er, nachdem er sich bis auf die Knochen blamiert hatte, in seinem ganzen Leben nie mehr die Rollläden hochziehen und in jene Richtung blicken würde. Er stellte den Wecker nicht mehr und wachte dennoch um elf auf. Auch wenn er nur vier Stunden geschlafen hatte.

Diese Gewohnheit hatte sich wie ein Virus in ihm eingenistet. Resigniert richtete er seinen in vielen Stunden im Fitnessstudio modellierten und von den durchzechten Nächten schmerzenden Körper auf. Jeden Morgen öffnete er die Augen, blickte auf die Uhr und verfluchte sich.

Er hatte keine Ahnung, dass auch Giada nervös geworden war. Dass sie angefangen hatte, ihrer Mutter und ihrer Schwester gegenüber unduldsam zu sein. Dass sie wie eine Idiotin bis zum Mittagessen auf dem Balkon lag und auf ihn wartete und dann den ganzen Tag schmollte und schlecht gelaunt war. Und auch wenn sie mit ihren Klassenkameraden auf dem kleinen Platz Eis essen ging, auch in diesen seltenen Momenten im Freien war sie unausstehlich.

Marcello hatte andere Dinge im Kopf. Und doch dachte er ständig an Giada. Dieses verdammte Mädel hatte sich in sein Gehirn injiziert, doch anders als bei den Drogen ließ die Wirkung nicht nach.

»Marcè! Was ist los? Bist du bescheuert?«, schrie Vincenzo ihn eines Abends an, während er in Gedanken versunken seinen mit Spoilern versehenen Mini Cooper lenkte und nach links statt nach rechts abbog. »Wir müssen nach Cossato, nicht nach Turin!«

Er konnte gerade noch rechtzeitig vor der Autobahnauffahrt bremsen, bevor er gegen die Schranke der Mautstelle prallte. Marcello war nicht mehr der Alte. Der unbestrittene König des Viertels, der Meister der Raubüberfälle, der Verbindungen zu den großen Bossen in Mailand hatte. Der Beste, der die meisten Frauen hatte, die ihm alle scheißegal waren. Und außerdem waren die Bullen auf ihn aufmerksam geworden und behielten ihn im Auge.

Eines Nachts, nachdem er eine Wohnung in einem Nachbardorf ausgeraubt hatte, flüchtete er sich allein in einen Nachtklub. Er nahm hundert Euro von der Beute, versoff sie komplett mit Wodka und schielte von der Seite auf ein paar Ärsche und Titten.

Und dann nahm er weitere fünfzig und warf sich stockbesoffen auf den Puff eines rötlich schummrigen Separees. Während eine Brünette im Tanga für ihn tanzte, schlief er beinahe ein. Völlig erledigt, zutiefst angeekelt von sich selbst, fuhr er nach Hause und kam wie durch ein Wunder heil an. Er ließ sich aufs Bett fallen und sagte sich, dass eine Woche Enthaltsamkeit genug war.

Am nächsten Margen stand er um fünf vor elf vor Giadas Balkon.

Als Giada die Nase hinaussteckte und ihn sah, explodierte sie fast vor Freude. Marcello bemerkte sofort den Bikini – ein Nichts aus Stoff, das fast nichts verbarg –, die mit Kajal geschminkten Augen und den Lipgloss mit Erdbeergeschmack, den er riechen konnte. Er ahnte, dass diese Neuerungen ihm galten, und lächelte, glücklich wie nie zuvor.

»Ich hab auf dich gewartet, jeden Tag hab ich auf dich gewartet!«, rief sie sofort, als hätte sie eine ganze Woche lang nicht sprechen dürfen und als wäre das Verbot erst jetzt aufgehoben worden. »Und du bist nicht gekommen! Warum?«

»Ich hatte zu tun, Kleine ...« Ungezwungen, gut gekleidet, sorgfältig gekämmt. »Aber jetzt bin ich da. Freust du dich?«

»Und wie!« Ohne Scham, wehrlos. Giada war eine Blume in voller Blüte, und obwohl er sich wie ein Rowdy benahm, der er ja war, war er nur allzu bereit, sich einwickeln zu lassen.

»Was machst du heute?«, fragte er sie.

»Nichts. Vielleicht gehe ich nachher Eis essen mit meinen Klassenkameraden, aber später ...«

Kameraden. Dieser männliche Plural gefiel Marcello gar nicht. Er stellte sich fünf oder sechs hormongesteuerte Jüngelchen vor, die alle *seiner* Giada nachliefen.

Seine Miene verfinsterte sich schlagartig. »Ich will nicht, dass du Eis essen gehst.«

Sie war verblüfft. »Aber nicht einmal mein Vater verbietet es mir!«

»Das ist mir egal«, bekräftigte er mit fester Stimme. »Du gehst nicht, basta.«

Giada schwieg einen Augenblick, rot im Gesicht und geschmeichelt von dem, was sie intuitiv für eine voreilige Eifersucht hielt, für einen Besitzanspruch, der sie erregte.

»Dann sind wir zusammen!«, jauchzte sie.

Diesmal war Marcello verblüfft. Er begriff, dass das Mädchen keinerlei Erfahrung hatte und über keine Instrumente, keine Kategorien verfügte. Dennoch lächelte er. »Versteh es, wie du willst. Jedenfalls gehörst du heute mir.«

»Und wohin gehen wir?«

»Ich geh mit dir ins Schwimmbad, das mit den Wasserrutschen.«

Der springende Punkt war, dass der Aquapark mit den Wasserrutschen zwanzig Kilometer entfernt lag, also außerhalb des Gebiets, in dem sein mühsam erworbener Ruf etwas galt.

»Ins Schwimmbad? Donnerwetter!« Giada war wie ein kleines Mädchen. Mit offenem Mund und vor Freude glänzenden Augen sah sie ihn an.

»Ich hol dich um zwei ab. Denk dir irgendwas aus für deine Eltern und sei rechtzeitig fertig.«

Er wandte sich zum Gehen. »Pünktlich«, fügte er hinzu.

Und als er bereits auf der Mitte der Straße war, drehte er sich noch einmal zu ihr um: »Und zieh einen anderen Badeanzug an, in dem kann man ja alles sehen.«

»Der hier war ja auch nur für dich!«

In der Stadt ist der Sommer schwer zu ertragen, auch wenn man daran gewöhnt ist. 2003 war es die reinste Hölle. Vierzig Grad im Schatten. Nachts wälzte man sich im Bett hin und her und konnte trotzdem nicht einschlafen. Man muss dazusagen, dass in Villaggio Lamarmora nicht ein Grashalm wuchs. Es war eine Wüste aus Betonwürfeln mit ein paar kümmerlichen Bäumen mittendrin.

Die Supermärkte waren alle geschlossen. Man musste beim Chinesen oder Pakistaner einkaufen. Wenn es hochkam, schaffte man es bis zu McDonald's, doch der Gestank nach Fett und die Temperaturen waren kaum zu ertragen.

Wer konnte, nahm, wann immer er konnte, den Wagen oder den Bus und fuhr ins Schwimmbad. Die städtischen im Zentrum waren nicht gerade der Hit, so überfüllt, wie sie waren, konnte man sich dort noch ganz andere Dinge als Pilze einfangen. Der Aquapark del Pralino war da ganz etwas anderes: außerhalb der Stadt, umgeben von Grün, hohe und kurvenreiche Wasserrutschen, Schwimmbecken mit künstlichen Wellen und sogar eine kleine Diskothek.

Dorthin fuhr Marcello mit Giada, an einen Ort, den sie noch nie gesehen und erst recht nicht erträumt hatte.

Anfangs benahmen sie sich wie alle frisch Verliebten. Während sie in der Schlange standen, lächelten sie sich die ganze Zeit an, suchten ihre Hände, nahmen sie, ließen sie wieder los und kitzelten sich. Am Kiosk bezahlte natürlich Marcello den Eintritt und kaufte auch gleich noch zwei eiskalte Coca-Cola.

Sie zogen sich in den Kabinen um, er schielte nach ihr, und sie tat so, als würde sie sich bedecken, zeigte ihm aber in Wirklichkeit eine Menge nackte Haut. Und er war vollkommen verloren, in die Pubertät zurückversetzt. Mit einem Anlauf stürzten sie sich ins Becken und umarmten sich unter Wasser. Gemeinsam, Hand in Hand, probierten sie alle verfügbaren Wasserrutschen aus, auch die ganz besonders steilen, zwanzig Meter hohen. Schließlich legten sie sich auf der Wiese in die Sonne, dicht nebeneinander auf einem Badetuch.

»Was machst du eigentlich?«, fragte sie ihn irgendwann.

Marcello räusperte sich: »So Verschiedenes …«

Im Grunde interessierte Giada gar nicht, was er machte. Für sie zählte nur, dass er *Marcello* war. Mit diesem Körper, mit dieser Stimme, mit diesen Augen.

»Kennst du das Lied von Gigi D'Alessio, in dem es heißt: *Sag ihr nie, wie schön die Nacht am Meer war … Hinter einem Boot warteten wir eng umschlungen, dass die Sonne aufging …*«, sang sie etwas falsch in den hohen Tönen und lachte mittendrin. »Na? Kennst du es?«

»Mehr oder weniger …«, sagte er, peinlich berührt von diesem süßlichen Geschnulze.

Sie lagen auf dem Bauch, eng aneinandergeschmiegt, und ihre Münder waren nur einen Zentimeter voneinander entfernt.

Marcello fragte sich, wie es möglich war, dass an einem bestimmten Punkt deines Lebens eine solche Person auftaucht, einfach so, und du dich, ohne zu wissen, warum, lebendig fühlst und schutzlos, nackt bist.

»Bist du mein Freund?«

Giada hatte so eine Art, völlig unvermittelt Fragen zu stellen. Und sie bewegte sich, vibrierte, atmete an seinem Körper wie ein kleines feuchtes, in der Sonne glänzendes Tier.

»Wenn du mir einen Kuss gibst, schon.«

Sie richtete sich abrupt auf: »Aber ich hab noch nie einen Mann geküsst!«

»Ich muss der Erste sein«, sagte er ganz ernst. »Wenn ich nicht der Erste wäre, würde ich dich gar nicht beachten.«

Und er näherte seine Lippen und kostete ihre ganze Unerfahrenheit in seinem Mund aus.

Als Giada sich von ihm löste, brannte ihr Gesicht, und sie zitterte ein wenig.

Doch er ließ ihr keine Zeit zu begreifen. Er packte sie am Handgelenk und flüsterte: »Komm.« Er zog sie hoch. »Gehen wir.«

Und jetzt führte er sie mit den schmutzigsten Hintergedanken in die Dunkelheit einer abgeschlossenen Kabine. Und sie folgte ihm, fast auf Zehenspitzen, ohne die geringste Ahnung, was sie erwartete. Und auch Marcello hatte keine Vorstellung, konnte es sich nicht vorstellen. Dass Giada sich ihm auf diese Weise hingeben würde, ohne Zicken, ohne sich zu wehren. Ganz und gar, wie es nur eine Grazie kann.

Sie sahen sich weiterhin jeden Tag, gingen ins Schwimmbad und liebten sich an den unterschiedlichsten Orten, auf den Rücksitzen, in den Reisfeldern, unten in den Garagen, gut zwei Monate ging das so. Die anderen wollten ihn schon als vermisst abschreiben und fragten sich, was aus ihm geworden war. Doch Marcello blieb dabei, nicht ans Telefon zu gehen, an der Sprechanlage nicht zu antworten und sich um nichts zu kümmern.

Bis ihm allmählich das Geld ausging. Und da fing er an, sich Gedanken zu machen.

Eines Nachmittags – er war besonders unruhig gewesen und ahnte Schlimmes – entschloss er sich, Vincenzo anzurufen. Er tippte die Nummer, die er inzwischen schon fast vergessen hatte, und es kostete ihn einige Mühe. Er staunte nicht schlecht, als er hörte, in welchem Ton Vincenzo mit ihm sprach, ein ganz neuer, *aufsässiger* Ton. »Hey, du«, unterbrach er ihn, »jetzt hör mir mal zu. Hier haben alle die Nase voll, schlimmer, es geht ihnen richtig auf den Sack. Wenn du nicht langsam deinen Arsch herbewegst, dann kannst du sicher sein, dass ein anderer deinen Platz einnimmt.«

Und Vincenzo schleuderte ihm den Hörer ins Gesicht. Ins Gesicht!

Marcello stand ein paar Minuten da wie ein Vollidiot, den Hörer immer noch am Ohr. Dann pfefferte er ihn wütend gegen die Wand. Er steckte echt in der Klemme, in einem richtigen Schlamassel. Er musste unbedingt etwas unternehmen, und zwar schnell. Schluss mit Giada, Schluss mit dem Geschnulze. Giada … wer war sie schon? Ein kleines Mädchen, ein ganz gewöhnliches kleines Mädchen. Wollen wir uns etwa für ein ganz gewöhnliches kleines Mädchen ruinieren? Wollen wir verblöden, hm, Marcè?, fragte er sich und ohrfeigte sich selbst vor dem Spiegel.

Der Augenblick war gekommen, wieder auf die Piste zurückzukehren, das Ruder wieder in die Hand zu nehmen. Zurück in den Krieg, mein Freund, befahl er sich, bitter lachend. Und verließ die Wohnung.

Er vermied es, zu Giadas Balkon zu blicken, er vermied es, sich zu fragen, was er diesem Mädchen antun und wie sehr er ihr wehtun würde, wenn er jetzt einfach so aus ihrem Leben verschwände, nachdem er der erste Mann, der Unersetzliche für sie gewesen war. Und sie ... was war sie eigentlich für ihn gewesen?

Er verdrängte diese Frage sofort, bevor sie gefährlich werden konnte. Er startete den Wagen, und nach einer Viertelstunde war er bei Vincenzo.

»Du hast es dir ganz schön verscherzt«, überfiel dieser ihn sofort. »Wieso bist du einfach so verschwunden? Und jetzt willst du zurückkommen? Wozu? Uns interessiert nicht mehr, was für einen Scheiß du baust.«

Marcello hatte sich gesetzt und saß lange stumm da, während er einen unsichtbaren Punkt auf dem Fußboden anstarrte.

»Wenn du zurückkommen willst, sag ich dir eins: Die Dinge haben sich geändert. Du musst dich vergrößern, sonst bist du ein Niemand. Und um dich zu vergrößern, brauchst du Kapital.«

Es stimmte: Wer war er? Ein Niemand. Ein kleiner Fisch, ein lächerlicher Kleinkrimineller. Und er war bereits einundzwanzig ... Andere in seinem Alter machten sehr viel größere Geschäfte, hatten ihre Finger in Nachtklubs und Spielautomaten. Und wo war er? Er rannte wie der letzte Trottel einem jungen Mädchen hinterher. Du bist erbärmlich, sagte er sich. Er war immer noch ein Dilettant, schon jetzt eine gescheiterte Existenz. Du brauchst Kapital. Vincenzo hatte recht: Er musste sich vergrößern. Er brauchte eine Menge Kapital, um ernsthaft durchstarten zu können, einen großen Coup, um seine Position zu festigen. Er musste den Sprung machen.

»Der Sitz der Mondialpol, in Vigliano«, sagte er und hob den Kopf. »Dort werden die Einnahmen aller Supermärkte der Region sortiert.«

Vinzenzo bohrte seinen Blick tief in Marcellos Augen: Verarschst du mich?

»Kein bisschen« – und diesmal duldete sein Ton keinen Widerspruch – »ich kenne einen Wachmann, er wird uns helfen. Gib mir zwei Wochen.«

»Die Mondialpol in Vigliano«, wiederholte er.

Das Verrückteste, das ihm einfallen konnte.

Vier Monate später war Marcello Garrone ein ganz gewöhnliches Arschloch. Er hatte einflussreiche Freunde in Mailand, und sie hatte er um Erlaubnis gefragt. Um grünes Licht, Waffen, Unterstützung gebeten. Denn einen solchen Coup, einen Überfall auf die Mondialpol an einem Sonntag, wenn der Tresor voll war, macht man nicht zum Spaß.

Und er spaßte nicht. Er hatte einen Plan mit einer unfehlbaren *exit-strategy* ausgearbeitet und sich drei unverdächtige Autos besorgt. Die aus Mailand hatten ihm Fluchthilfe, ein vorübergehendes Versteck und ein Ziel im Ausland garantiert. Eine Sache von zehn, höchstens fünfzehn Minuten, die Sicherheitskräfte ruhigstellen, das Geld nehmen, lauter Aktionen, die sie in allen Einzelheiten immer wieder durchgegangen waren. Und wenn alles erledigt war, würden sie die Autos in Carisio und in Balocco stehen lassen, und die anderen würden sie abholen. Sie würden sich wie Comic-Helden in Luft auflösen, die Taschen voller Geld.

Marcello und seine Kumpane aus Villaggio Lamarmora wollten den Sprung machen und Profis werden. Sie wollten es mehr als alles andere auf der Welt. Und diesen Sprung hatten sie tage-, wochen-, monatelang eingehend erwogen und geplant. Man würde nicht darum herumkommen, in den landesweiten Fernsehnachrichten über sie zu berichten, sie wollten berühmt werden.

Und so hatten sie sich mit Kokain zugedröhnt und waren am Sonntag zur festgesetzten Zeit über die Landstraße gebraust. Mit Muskeln gespannt wie Geigensaiten und einem erregenden Gefühl der Allmacht waren sie vor dem Sitz der Mondialpol in Vigliano vorgefahren.

Um halb neun morgens läuteten zwei von ihnen als Carabinieri verkleidet an der Tür. Man öffnete ihnen. Weitere vier, unter ihnen Marcello, hielten sich bereit, sofort in blauen Overalls und Motorradhelmen auf dem Kopf hineinzustürmen.

Sie hatten bereits alle Überwachungskameras entfernt und alle Alarmanlagen ausgeschaltet.

Sie stürmten hinein. Mit den silbernen halbautomatischen Pistolen im Anschlag, und im weißen Licht der Neonröhren erzeugten die Pistolenläufe einen Reflex, der einem Pfeifton glich. Adrenalinstöße. Schreie.

Drei Frauen mit fahlen Gesichtern waren da, aber sie konnten ebenso gut auch nicht da sein, und die beiden Wachmänner, die das Geld zählten.

Eine unvorstellbare Menge Geld. Sie fesselten den fünf Unglückseligen Hände und Füße mit Kabeln und zwangen sie, sich hinzulegen, das Gesicht auf dem Boden. Das Blut und das Kokain stiegen ihnen in den Kopf, Tausende von Euro gingen durch ihre Hände, und es war fast wie vögeln.

Er war real. Sie füllten die Taschen, wie sie es im Fernsehen gesehen hatten. Es war mehr als real. Und alles ging glatt; die geknebelten Sicherheitskräfte blieben ruhig, kein Alarm ging los, konnte losgehen! Alles verlief genau nach Plan. Eine Sache von zehn, fünfzehn Minuten. Aufgedreht, wie elektrisiert stürmten sie hinaus und liefen ihrem neuen Leben entgegen.

Draußen standen vier Wagen der Carabinieri. Quer geparkt. Mit eingeschaltetem Blinklicht. Da waren Polizisten, Maschinenpistolen im Anschlag, bereit zu schießen. Und auch das war real. Sie begannen in alle Richtungen wegzulaufen, zu den Reisfeldern, den Bauernhöfen. Wie Mäuse. Wie die armen Teufel, die sie waren.

Nur Marcello war nicht dabei.

Marcello hatte jetzt nichts mehr zu verlieren. Also blieb er, wo er war. Und ohne nachzudenken, richtete er in einem Augenblick außerhalb der Geschichte die Pistole auf den Carabiniere, der auf ihn zukam. Er drückte den Abzug. Er sah von einem Punkt im Raum aus, der nicht da war, wie er den Abzug drückte.

Und der Mann fiel zu Boden. Wie jemand fällt, der Gewicht und Größe hat. Maßlos verblüfft sah Marcello ihn zu Boden fallen.

Er hatte einen Menschen getötet.

2 HEUTE, an einem heißen Augustnachmittag des Jahres 2009, sitzt Marcello in einem dunklen Raum des Gefängnisses von San Vittore und sieht sich gemeinsam mit den anderen Häftlingen, die dem Projekt Cineforum beigetreten sind, einen Film von 1962 an, von Stanley Kubrick.

Und während James Mason sich neben den Sessel kniet, in dem sie entspannt ruht, und die Zehennägel der kleinen Füße von Sue Lyon rot lackiert, erinnert Marcello sich.

Der Balkon der Hochparterrewohnung in der Via Togliatti. Das Licht und die außerordentliche Hitze jenes Sommers. Und er spürt so etwas wie einen Riss in der Brust und gräbt die Fingernägel in seine Unterarme.

Sie ist viel zu blond, die junge amerikanische Schauspielerin. Marcello schaut hin, aber er möchte nicht hinschauen. Der Nagellack auf den zierlichen Zehen. Dieses Lächeln, das plötzlich auf ihrem Gesicht erscheint und dir durch und durch geht, ohne dass du dich dagegen wehren kannst. Jetzt verblasst es im Schwarz-Weiß der Leinwand.

Er wendet den Blick ab. Durch die Gitterstäbe des einzigen Fensters sieht man nur eine Tankstelle am Ende einer leeren Straße. Marcello nimmt den Kopf zwischen die Hände und drückt fest gegen seine Schläfen, die wieder zu pochen begonnen haben.

LA FANTELLA / DAS MÄDCHEN

von Mario Di Leo, 2005

»La fantella« ist ein Erzählgesang, der seit Jahrhunderten in ganz Italien als die »Geschichte vom Schlaftrunk« verbreitet ist. Die vorliegende Fassung ist im umbrischen Dialekt geschrieben. Darin kommt ein gewisser Cavaliere vor, ein mächtiger Titelträger, der glaubt, alles mit Geld kaufen zu können. Ähnlichkeiten mit einem ehemaligen italienischen Regierungschef sind natürlich rein zufällig.

LA FANTELLA

So du muriche st'uocchi belli
   la bocca pare pinta da npittò
Jo pe le scali, alla funtana na fantella cantanno va
Comme ncillittu che a primavera
   fischia e sompa de qua e de là
Jo pe le scali a coje l'acqua cantanno va
Da nu cantone nu cavaliere
   tutt'abbardato la sta a guardà
Pija tre scuoji e pe dispetto
   drento la fonte li vuo' butta
»E statte fermo, ber Cavaliere, e statte fermo pe carità
Pusali jo nterra sor Cavaliere
   chè l'acqua chiara se sporcherà«
E se la fonte s'è nturbidita a me
   me tocca sta qui ad aspettà
Chissà la gente quante ne dice ste lengue longhe chi
   le fermerà
Ma io te daria sti quattro merli
   sti sette turdi che c'ajo qua
Na lepre sana, miezzu piccione
   pe fa na notte assieme a te
Que t' ajo a di' ber Cavaliere
   mica che nc'avria da pruva'
Ajo da sinti la matre mia e lu cunsiju che me darà
O fija bella, core de mamma
   sta furtuna non c'ha da scappà

DAS MÄDCHEN

Ihre Augen sind dunkel wie reife Brombeeren
Der Mund wie von Meisterhand gemalt
Das Mädchen geht singend die Treppe hinab zum
    Brunnen
Fröhlich zwitschernd wie ein kleiner Vogel im
    Frühling
An der Ecke steht ein Edelmann in feinem Tuch
Als er das Mädchen sieht, hebt er drei Steine auf
Er will sie listig in den Brunnen werfen
»Halt ein, schöner Mann, so halt doch ein
Leg die Steine auf die Erde, schöner Cavaliere
    sonst wird das Wasser trüb«
Cavaliere: »Ich gebe dir vier Drosseln, sieben
    Meisen, einen ganzen Hasen
Und eine halbe Taube, um mit dir eine Nacht zu
    verbringen«
Mädchen: »Was soll ich sagen, schöner Mann?
    Das ist ein gutes Angebot
Aber zuerst muss ich meine Mutter fragen,
    was sie davon hält«
Mutter: »Oh schönes Kind, mein gutes Herz.
    Diese Gelegenheit ist zu günstig

Nun fa le ciance bellezza mia fallu veni' pe carità
Che alla vinella po ce penzo io que
   cosa c'ajo da mischia'
Vedrai sta ndrocca, fija benedetta
   tre notti ntere l'addurmirà
E duormi e ronfia tutta la notte
   lu Cavaliere comme nbaccalà
E duormi e ronfia tutta la notte
   lu Cavaliere comme nbaccalà

Sei nicht dumm, mein schönes Kind. Bring ihn her
Ich werde ihm etwas in den Wein schütten
Und du wirst sehen, der Trank wird ihn drei Nächte
    schlafen lassen«
Er schläft und schnarcht die ganze Nacht wie ein
    Stockfisch
Er schläft und schnarcht die ganze Nacht wie ein
    Stockfisch

SANDRO

von Pier Paolo Pasolini

CARLO SASS ZUSAMMENGEKAUERT auf den trockenen, harten Kamillebüscheln und wandte den Kopf, um Sandro anzublicken. Er sah ihn ausdruckslos an, wie jemand, der sich daranmacht, eine Pflicht zu erfüllen, die, wenn ich mich so ausdrücken darf, auf reine Technik reduziert war: und im Übrigen bereits vorher abgesprochen und vereinbart. Dort musste sie sozusagen nur noch erledigt werden. Vergebens, das Herz in seiner Brust hatte das Wunder vor Augen: es war wild erfüllt – mehr noch: wie man in diesen Fällen sagt, es floss über – von diesem Bewusstsein. Doch Carlos Blicke und Handlungen entbehrten von Anfang an jeder augenfälligen Teilnahme. Kurz gesagt, Carlos Verhalten wurde unverzüglich zu einer gewissen Nachahmung der hastigen Leistung einer Nutte, die nicht zugeben darf, dass sie das, was sie macht, außer für Geld auch zum Vergnügen macht. Würde sie ein gewisses Vergnügen verraten, könnte sie anschließend kein Geld mehr verlangen. So kniete sich Carlo, ohne es eigentlich vorbereitet zu haben, vor Sandro nieder und wartete ausdruckslos und beinahe abwesend darauf, die Sache hinter sich zu bringen, die dem Burschen so sehr am Herzen lag: und zwar nicht nur gekonnt hinter sich zu bringen, sondern auch mit einem gewissen komplizenhaften Eifer. Sandro wiederum war ein bisschen schüchtern. Doch in jenen Jahren hatten Jungs ein kodifiziertes und damit allgemeines Verhalten, auch für ein so privates und persönliches Gefühl wie die Schüchternheit. Es gab das Lächeln für die Schüchternheit, es gab Worte für die Schüchternheit, und es gab Bewegungen für die Schüchternheit. Natürlich handelte es sich dabei um eine oberflächliche und leicht zu maskierende Schüchternheit. Sandro, der einen ganzen Kopf größer war als Carlo und ziemlich stark, musste allerdings wesentlich jünger sein, als er aussah: wahrscheinlich war er gerade erst sechzehn: und so funkelte das Lächeln in seinen Augen nicht nur mit dem Ausdruck eines kleinen Jungen, sondern auch mit dem Ausdruck eines kleinen Jungen mit guten Manieren, die die Mutter ihm beigebracht hat: eine Mutter aus dem Volk, daher besteht die gute Erziehung natürlich in einer instinktiven und gut verwurzelten Liebenswürdigkeit. Diese mütterliche Liebenswürdigkeit kam in allem zum Vorschein, was Sandro tat und wie er sich bewegte. Sie haftete ihm an wie ein Geruch. Außerdem wirkte auch seine Kleidung, die schlichte Hose und das schlichte T-Shirt, als wäre sie auf irgendeinem kleinen Markt gemeinsam mit der Mutter vom Haushaltsgeld gekauft worden. Als er sah, dass Carlo sich nicht rührte, sondern gehorsam und willig wie ein Schaf wartete und keine Initiative ergriff, begann Sandro mit den »kodifizierten« Bewegungen seiner Schüchternheit, sich die Hose aufzuknöpfen, wobei er seine Verlegenheit – auch sie sehr oberflächlich – hinter einer Art mürrischer und etwas überheblicher Hast verbarg. Zunächst beschränkte er sich darauf, die Hose aufzuknöpfen, um, die Hand in die Öffnung schiebend, den Schwanz herauszuholen, der in dem blauen Slip offensichtlich ungeheuer eingezwängt und unbeachtet saß: und weil er ihn so nicht herausholen konnte, öffnete Sandro mit einer noch mürrischeren und noch hastigeren Bewegung den Gürtel und zog die Hose bis zur Leiste herunter. Jetzt konnte der Schwanz aus dem Slip geholt werden. Und der Grund, weshalb er vorher nicht herausspringen konnte, war einfach: er war prallhart. Deshalb schämte sich Sandro wieder ein bisschen, denn er hatte damit seine unschuldige, jungenhafte Lust erkennen lassen. Aber auch dafür hatte er ein Lächeln und eine schlagfertige Bemerkung »parat«: er lächelte voller Freude und sagte: »Da steht er schon«, und gleichzeitig streckte er eine Hand aus, mit der er Carlos Nacken leicht berührte, um ihn an sich heranzuziehen. Das Herz von Carlo war in Aufruhr, denn er sah diesen Schwanz, groß, hell, sozusagen leuchtend in seiner Färbung, mit der dünnen, über der rosigen Eichel gespannten Haut und der leichten Rissigkeit, die auf einen geruchlosen Flaum zurückzuführen war, Zeichen dafür, dass Sandro schon lange »nicht mehr gekommen war«: und im Übrigen war die Bürde des Samens und der Lust deutlich erkennbar, denn das gesamte Glied, sauber, hell, aber knotig, mit heraustretenden Adern, zuckte immer wieder und schoss nach vorn und in die Höhe, wobei es immer verzweifelter die rosig glänzende, trockene Eichel freilegte. Angesichts dieses Schauspiels war Carlos Herz, ich sage es noch einmal, in Aufruhr: doch ließ er sich nichts anmerken, stattdessen machte er sich mechanisch daran, das zu tun, was Sandro unmissverständlich von ihm forderte. Er beschränkte sich darauf, den Kopf nach oben zu richten, um Sandro einen Augenblick lang ins Gesicht zu blicken und ihm fröhlich und ein bisschen geziert »Amore« zuzuflüstern, um ihn zu beglückwünschen. In diesem Bruchteil einer Sekunde erkannte er Sandro und das, was er in diesem Augenblick seines Lebens war. Carlo beugte sich mit unendlicher Zärtlichkeit, fast mit Feinfühligkeit über seinen Schwanz. Kaum wagte er es, ihn mit den Händen zu berühren, und näherte sich ihm, ihn flüchtig streifend, mit den Lippen. Er wollte den Augenblick, in dem es ihm vergönnt war, ihn zu berühren, zu spüren, so lange wie möglich hinauszögern. Doch dafür war Sandro nicht zu haben, der sagte: »Mach schon«, und versuchte, seinen Schwanz an Carlos Mund zu pressen, damit dieser anfangen sollte, ihn richtig zu bearbeiten. Carlo gehorchte bereitwillig. Beim »Bearbeiten« versuchte er, Sandro seine Sorgfalt und seine demutsvolle Hingabe spüren zu lassen, die ihm fast einen Kloß im Hals verursachte: das heißt, Sandro sollte spüren, dass er ihm zu Diensten war. Zuerst machte er es mechanisch, weil das, wie gesagt, Bestandteil des Verhaltens einer »Nutte« war, womit sie einem Freier zu verstehen gibt, dass er sich mit dem Mechanischen des Vorgangs zufriedengeben muss, für den sie bezahlt wird. Doch dann, so, als würde sich Carlo mehr und mehr in diesen jungenhaften und schon so väterlich gebieterischen Schwanz mit seiner äderigen Härte und zugleich seiner Zärtlichkeit verlieben, begann er, mehr Gefühl hineinzulegen. Was ihn zu mitreißender Freude führte, als er den leicht über ihn gebeugten Sandro »Bravo« sagen hörte. Dieses Wort ließ ihn sozusagen in einen Abgrund von Zärtlichkeit stürzen, fast kamen ihm die Tränen. Auch weil Sandro seinen Schwanz, so tief er konnte, in ihn hineinstieß, dass er Carlo fast zum Ersticken brachte und ihm Tränen in die Augen trieb. Verhängnisvoll war es, dass Sandro schließlich seine Hand in Carlos Nacken legte: die schwielige, schwere Hand eines Jungen von großem Wuchs, der schon immer hatte arbeiten müssen. Leicht übertreibend stellte sich Carlo vor, dass er die Pranke eines großen Tiers in seinem Nacken spürte; und was ihn mit einem fast herzzerreißenden Gefühl von Dankbarkeit am meisten beängstigte, war, dass diese Riesenhand in seinem Nacken einen leichten und allmählich immer stärker und gebieterischer werdenden Druck ausübte. Kurz darauf hob sich auch Sandros andere Hand und legte sich drückend auf eine von Carlos Schultern. Und so war Carlo zu Sandros Gefangenem geworden, zum Sklaven seines Willens, wie es schien. Halb erstickt und die Augen voller Tränen, die ihn nichts mehr erkennen ließen, war es nun nicht mehr Carlo, der seinen Kopf auf und ab bewegte, sondern es war Sandros Hand, die ihn das besorgen ließ, und zwar so gewalttätig und flink, wie man es kaum für möglich gehalten hätte. Schließlich hörte Sandro schlagartig auf, still. Carlo spürte, wie Sandros Schwanz anschwoll und sich auspresste, sozusagen zerfloss. Er versuchte, sich von ihm loszumachen: aber die Hände des stillen Sandro in seinem Nacken und auf seiner Schulter waren wie Zwingen. Erst viel später, als der letzte Samentropfen herausgepresst war, lockerte Sandro seinen Griff und ließ Carlos Kopf wieder los. Carlo befreite sich und betrachtete, wenige Zentimeter von seiner Nase entfernt, Sandros Schwanz: so, schon ein bisschen schlaff geworden, wirkte er noch riesiger; und dann war da der Glanz von Samen und Speichel, die seiner Hautfärbung eine Art tierischer und etwas obszöner Fahlheit verliehen: und trotzdem hatte diese Feuchtigkeit etwas Heiliges. Carlo blickte noch einmal kurz zu Sandro empor. Und dies war wieder der Bruchteil eines Augenblicks, der einem Jahrhundert der Betrachtung entsprach. Das Lachen in Sandros Gesichtszügen war etwas erloschen: das Spiel war aus.

ANTONIA VERSUCHT, SICH ZU VERLIEBEN, UND SCHLÄFT DABEI EIN

Rocco und Antonia

ROCCO. ROCCO. ROCCO. Rocco. Rocco. So gesagt, inspiriert der Name zu nichts. Antifaschistische Reminiszenzen im Film (*Rocco und seine Brüder*). Juristische antifaschistische Reminiszenzen (der Codex Rocco). Aber sonst? Ein Name für einen Maurer. Für einen Arbeiter aus dem Süden. Rocco. Was für eine Idee, sich Rocco zu nennen. Kommen die von unten rauf, seine Leute (wie der Mailänder Zweig meiner Verwandtschaft zu sagen pflegt)? Reich können die jedenfalls nicht sein. Motorrad hat er auch keins. Er ist weder groß noch klein. Nicht dick und nicht dünn. Nein, was das betrifft, würde ich sagen, dass er eher dünn ist. Schön? Kleine Nase, Augen, die sehr wandelbar sind, so in einem Bogen von Grau über wütend bis Schwarz. Und diese Löckchen. Die zarten. Die vielen. Sehen gar nicht wie Haare aus. Wie der wohl mal aussieht, wenn er keine Haare mehr hat? Der stirbt vorher. Wird ein Held. Oder ein Musiker. Vielleicht ein heidnischer Musiker, mit grauen Löckchen – mit immer zarten und immer vielen Löckchen. Bin ich dabei, mich zu verlieben? Wenn ich so auf dem Rücken liege und an einen Typ denke und mir dabei die Haare auf meinem

Hügelchen kitzle und zause, und ich brauch nicht mal den trigger mit dem Finger zu berühren, nein, heute Abend brauch ich das gar nicht ... Ich hab ein ganz zärtliches Gefühl im Körper. Wenn er jetzt reinkäm und ich wär schön ...

Wenn er jetzt zum Fenster reinkäme, weil die Bullen hinter ihm her sind, und ich wär wunderschön ... Wenn die Faschisten mich verprügelt hätten und er wäre losgegangen, um mich zu rächen ... Nehmen wir an: ich läge hier, auf dem Bett (kein Blümchenlaken, bitte, und keinen Schlaf- und Spielanzug mit plüschgefütterter Hose; dann schon lieber was Schwarzseidenes und natürlich sonst völlig nackt), bleich und zerzaust. Nein: sonnenbraun und zerzaust. Mit einem Kopfverband (weiße Mullbinde mit dem Schatten von geronnenem Blut: sehr wirkungsvoll). Er kommt rein: Wochenbart (à la Bogart, wenn er sich ein halbes Jahr nicht rasiert hat), ein Hemd Modell Guillotine 1974 (Robespierre: offener Kragen und darunter rau behaarte Brust), Jeans, Stiefel (zu viel der Stile?). Er bleibt am Fußende des Bettes stehen. Ich stelle mich schlafend (er sagt etwas, was ich nicht verstehe – Tonausfall). Er beugt sich über mich. Er küsst mich. Er schmeckt nach Tabak, Wacholderschnaps und Schießpulver. Er streift mit einer einzigen Bewegung die Bettdecke ab, und seine Finger wandern leicht über meine Haut (erster Schauer). Er öffnet mit seiner Zunge meine geschlossenen Lippen. Dann kniet er sich aufs Bett und fängt an, mich abzulecken, mich abzuschlecken, wie eine Katze aus ihrem Schüsselchen leckt (zweiter Schauer; man muss lernen, sich nicht mehr zu schämen; wird bei Masturbation enden – schlimmes Wort für eine schöne Sache, wirklich ein schlimmes Wort). Am Nabel angekommen, versenkt er darin die Zungenspitze (wie er's kann, der Schweinehund)

und taucht sie immer tiefer hinein, wobei er mir die Flanken streichelt. (Warum hab ich nur zwei Hände? Wenn wir dazu geschaffen wären, mit uns selbst Liebe zu machen, hätten wir sicher wenigstens vier.) Nein, an diesem Punkt ist eine schöne Liebeserklärung fällig, so eine mit halblauter Stimme, eine schöne, so eine, wie man sie nicht mehr macht, wie sie keiner mehr macht, weil keiner mehr den Mut dazu hat, weil keiner von denen, die ich kenne, den Mut hat, einem Mädchen Dinge zu sagen, die er im Kino gehört hat, vielleicht weil er glaubt, man muss dazu ein Gesicht haben wie Robert Redford oder eine tragische Trauermiene wie die Typen in den Flugzeugunglückschinken (»Die letzten fünf Sekunden, in denen dein ganzes Leben noch einmal vor dir abläuft«), oder vielleicht weil sie ihm gesagt haben: »Das machen nur diese verrückten bürgerlichen Arschlöcher.« Wenn ich anfange darüber nachzudenken, geht die ganze Anspannung zum Teufel, und die Lust ist weg. Wenn ich ein Mann wäre, würd er mir schlaff werden. Wenn ich ein Mann wäre … Als Kind wollt ich's immer sein – nicht zu zählen die Schnürsenkel, die ich ersäuft habe bei meinen Versuchen, stehend zu pissen: tagelang ging das so, und danach ekelte ich mich davor, mir die Schuh zuzubinden. Penisneid, wie die in der kleinen Gruppe sagen.

Trotzdem, wie ich glaube, wie ich immer geglaubt hab, ist es nur, dass ich einfach nie Lust hatte, wie ein lächerliches siebenbäuchiges Tier mich hinzuhocken und Pipi zu machen. Oder mich hinzusetzen (ich sage: mich hinzusetzen!) mit den Strümpfen auf Halbmast und dem Höschen in den Kniekehlen (es gibt auf der Welt keine unerträglichere Bewegung, als sich den Slip runterzuziehen) und mir nicht den letzten Tropfen abschütteln zu können, nicht aufrecht vor einer Mauerecke oder vor einem Baum stehen und dabei lachen und reden zu können, sondern die Badezimmertür hinter sich zumachen und dann geschwind mit einem Stück Papier hinlangen zu müssen und einen nassen Finger zu kriegen, oder nicht hinzulangen und sich dafür das Höschen nass zu machen … Also wirklich, jedes Mal wenn ich auf Sex Lust hab und an die Liebe denke, komm ich schnurstracks auf das Thema Ausscheidungen … vortrefflich, wirklich vortrefflich, Signorina Antonia. Aber eine Liebeserklärung kann ich mir schlichtweg nicht vorstellen – eine schöne, meine ich, nicht das übliche plumpe Kompliment für meine Rundungen. Zwar reden sie von Liebe, die Leute, aber immer erzählen sie einem nur von der Liebe, die sie mit irgendeinem andern verbindet. Lisa erzählt mir von Peter. Carlo von seiner neuen Freundin. Und meine Mutter von damals, als sie meinem Vater kennengelernt hat (Jugend, Liebe und Krieg: alles schön und gut, schade dass sie ihm seit siebzehn Jahren kein einziges nettes Wort mehr sagt). Die Liebe ist offenbar ein typisches Thema für Gespräche mit Dritten. So kann ich sie mir aber nicht vorstellen. »Ich liebe dich« – das ist ein Satz, der nach nichts klingt. Genau wie »Ich bin tot«. So was wie ein unmöglicher Satz. »Ich bin verknallt wie ein Idiot« – das klingt schon glaubhafter, aber du kannst Gift darauf nehmen, dass es sich nicht auf dich bezieht, sondern immer auf einen anderen, und du musst aufmerksam zuhören, Anteilnahme bekunden, und wenn du für Männer der »kameradschaftliche« Typ bist (»wie eine Schwester«), musst du im Allgemeinen auch noch Ratschläge erteilen, ihnen erklären, wie sie sich verhalten sollen, und so weiter. Die behandeln dich, als wärst du der »Guide Michelin für gebrochene Herzen«.

Wenn sie dagegen auf dich ein Auge geworfen haben, merkst du es daran, wie oft sie nach deinem Arsch grapschen, oder an den Dockarbeiterkomplimenten à la *Faust im Nacken* und den überflüssigen Telefonanrufen zu jeder Tageszeit unter Vorwänden, die immer unglaubwürdiger werden, an der Anzahl der in deinem Beisein getrunkenen Camparis – um dir zu imponieren – und zu guter Letzt an einigen beiläufigen Beschreibungen der eigenen Fähigkeiten in Sachen Liebe, die einige frigide und böse Frauen leider nicht zu schätzen wussten. An diesem Punkt wird dir deine beste Freundin erzählen, dass »X sich bis über beide Ohren in dich verknallt hat«. Du tust so, als fielst du aus allen Wolken. Sie wird nicht lockerlassen. Und bei der ersten günstigen Gelegenheit wird die Übergangsphase im Bett ihren Abschluss finden. Die Besiegelung: ein Fick. Kontrahenten: du und er. Zeugen: alle anderen. Kupplerin: die Freundin.

Und die Liebe? Eine Selbstverständlichkeit. Ich muss mich wundern, warum ich mir nie einen abreiben kann, wenn ich dabei an einen Jungen denke, den ich jeden Morgen in der Schule sehe. Warum muss ich ihn mir vorstellen wie den Grafen Wronskij, schön, schurkisch, heldisch und mit Verzierungen wie eine Geburtstagstorte? Wronskij, Wronskij, der Pate aller meiner Orgasmen, Revolutionär, dann Offizier der zaristischen Garde, dann Maler, Musiker, Haudegen, Bandit und schließlich Beschützer der Witwen und Waisen. Uff, ich möchte wissen, ob auch die Männer so psychopathische Wichsereien veranstalten wie ich mit meinem Mittelfinger. Nein, die sicher nicht, die haben's einfach: ein Pornoheft, was weiß ich, »Dornmöschens Abenteuer mit dem siebenschwänzigen Sakristan«, und allez hopp, schon ist er hart wie'n Schirmgriff. Der Rest geht von allein.

Heut Abend bin ich ja enorm philosophisch. Noch eine Weile, und ich erzähl mir die Geschichte meines Lebens, als ob ich die nicht auswendig könnte, so kurz wie sie ist. Das ist es : mehr Leben möcht ich haben. Ein dichteres Leben. Ein Leben, in dem Sachen passieren. Was weiß ich? Zwei Scheidungen, ein Verkehrsunfall, eine Weltreise, ein Volksaufstand, ein Elektroschock. Ein Kind. Eine Abtreibung. Irgendwas zum Erzählen. Ein bisschen sprechen können von der Vergangenheit – bei dieser Gegenwart, die so fade und beschissen schmeckt wie Brotsuppe, und bei einer Zukunft, die noch zu erfinden ist …

Und wenn ich's schon nicht schaffe, mich zu verlieben oder zu masturbieren, möcht ich wenigstens einschlafen können, damit ich morgen nicht Ringe unter den Augen und schlaffe Haut und runterhängende Schultern habe. Nicht dass ich mir viel draus mache, das blühendste Mädchen der B 1 zu sein (einzige mondäne Gelegenheit des Tages: mündliche Prüfung in Philosophie), aber ich hab Angst vor der Bissigkeit meiner alten Vampiresse. Die Augenringe ziehen Fragen nach sich, aus einem Sterbenswörtchen kann das achtzigste Stoßgebet über die Verständnisschwierigkeiten zwischen den Generationen werden.

Ich muss unbedingt schlafen. Nachdenken bringt nichts heut Abend. Und das »Ferkelchen in mir« bleibt stur und gibt kein Lebenszeichen von sich. Also : gehen wir mit System vor.

Methode a: an etwas Schönes denken. Ich am Meer: der Strand, eine Palme, eine eisgekühlte Coca-Cola, die Sonne und ein sowjetischer Bademeister, der wie Nurejew aussieht, in Wirklichkeit aber Lenin ist. Der Bademeister umarmt mich. Ich sehe deutlich den Schwanz des Bademeisters auf

meiner sonnengebräunten Schulter ruhen (ich liege im glut-
heißen Sand, und er kniet über mir). Laura, ganz geröstet
von der Sonne, mit sich schälender Nase und in einem kack-
braunen Bikini, der ihr überhaupt nicht steht, sieht mich
und ersäuft vor Wut im salzigen Meer, nachdem sie erfolglos
versucht hat, mir den Bademeister auszuspannen. Nein, das
geht nicht. Surreal. Wann höre ich endlich auf, mir erotisch-
romantische Fernsehschinken vorzustellen.

Methode b: an etwas Heroisches denken. Ich führe eine
nur aus Frauen bestehende Kolonne gegen die Caradonna-
Schläger. Alle Genossinnen aus meiner kleinen Gruppe sind
dabei. Ein widerlicher Faschist mit Kartoffelnase, ganz in
Schwarz gekleidet, schießt. Ich weiche nicht zurück. Lisa
fällt, und »ein Fleck roten Blutes breitet sich auf dem Pflaster
aus«. Ich entwaffne den Faschisten und … Nein, nein: keine
Kastrationsfantasien. Das nun auch wieder nicht.

Dritte und letzte Hoffnung, die *Methode c:* an etwas Zärtliches denken. Rocco. Rocco mit seinen Ringellöckchen,
wie er mir einen Strauß Orchideen schenkt, nein … Veilchen. Veilchen und Margeriten. Und ich ganz in Weiß. Und
er ganz in Schwarz. Mit Krawatte … und ich mit Orangen-
blüten …

Und Marcello als Trauzeuge in blauem Anzug … und
meine Mutter, die weint, und mein Vater, der mich auf den
Mund küsst und sagt: »Lass sie heulen, die ist nie zufrieden.«
Und Rocco und Papá, die zusammen Boot fahren auf dem
Fluss und dabei von mir reden, weil ich zu Hause geblieben
bin, weil ich ja auf das Kind aufpassen muss … das Kind mit
den Ringellöckchen …

FISCHE SCHLIESSEN NIE DIE AUGEN

von Erri De Luca

UNTER DEM SONNENSCHIRM NEBEN UNS verbrachte ein Mädchen aus dem Norden seine Zeit damit, kleine gelbe Bücher zu lesen, die gleichen, die meine Großmutter in einem Tag verschlang. Ich staunte darüber, dass man ein ganzes Buch in einem Tag lesen kann. Noch heute wandere ich langsam über die Zeilen, im Vergleich zu dem, der mit Fahrradgeschwindigkeit liest, gehe ich zu Fuß. So schnell las auch das Mädchen, nichts um sie herum konnte sie ablenken. Ihre Mutter unterbrach sie, forderte sie auf, ins Wasser zu gehen, um sich abzukühlen. Dann legte sie das geöffnete Buch mit den Seiten nach unten auf das Handtuch und folgte der Aufforderung ohne Unwillen, doch auch ohne Elan. Und sie machte keine gezierten Gesten beim Kontakt mit dem Wasser, sie schritt einfach hinein wie von einem Zimmer ins andere. Sie schwamm auf dem Rücken und kraulte, zehn Minuten lang, dann kam sie wieder heraus. Sie wrang ihre braunen Strähnen über dem Sand aus, trocknete sich ab und legte sich zum Lesen hin.

Ich beobachtete sie aus Neugierde. Auch sie blickte beim Umblättern rasch in meine Richtung, ernst, ein Fragezeichen zwischen den Augenbrauen. Ich dachte nicht im Entferntesten an gegenseitige Anziehung. Ihr zum Lesen ausgestreckter Körper hatte keinerlei Wirkung auf meinen. Meiner blieb verschlossen, ich konnte mir nicht einmal erklären, warum ich in der Stadt weinte und am Meer nicht. Wahrscheinlich wegen des Salzes, das den ganzen Sommer lang wie ein Schutzschild an mir klebte.

Das Mädchen hatte keine Ähnlichkeit mit denen, die in dem gemischten Gedränge aus der Schule kamen. Sie erzeugte die umgekehrte Wirkung um sich herum, eine Aura aus Stille und Raum. Ein Motorboot aus glänzendem Holz fuhr vorbei, mit einer weißen Schleppe hinter der Schiffsschraube, und ließ sich bewundern. Sie drehte sich nicht danach um. Die Elf-Uhr-Fähre fuhr vorbei und löste mächtige Wellen aus, ein großer Spaß für die, die sie zu nehmen wussten. Die Mütter reihten sich als Wachposten auf, manche riefen nach einem Kind, das sich außerhalb des überwachten Meters befand, sie rührte sich nicht, allumfassende Gleichgültigkeit. Ich beglückwünschte sie zu ihrer südländischen Dickfelligkeit, von der sie bestimmt nicht wusste, dass sie sie besaß.

Das war etwas Neues: ich interessierte mich für eine Person meines Alters. Niemals hätte ich es gewagt, sie anzusprechen: »Was liest du da?« Ich wusste es bereits.

Nach der Elf-Uhr-Fähre gab Mama mir zwanzig Lire für ein Eis in der Bar. Ich wollte es mir unter der Pergola der Terrasse schmecken lassen. Als ich es gerade kaufte, kam das Mädchen dazu und verlangte das Gleiche. Während wir das Eis auswickelten, sagte sie: »Ich lese Krimis.« Als wäre es die normalste Sache der Welt, antwortete ich leise: »Ich weiß, diese Bücher bringe ich meiner Großmutter jeden Sonntag. Sie liest sie montags und wartet dann sechs Tage lang.«

»Setzen wir uns«, sagte sie, und ich ging voraus, aber nicht bis zu den Pfosten, ich blieb auf den hölzernen Stufen stehen.

»In welche Klasse gehst du?«, fragte ich.

»Lass uns keine Zeit mit diesem Unsinn vergeuden. Sag mal, warum bist du so?«

Ich antwortete aufs Geratewohl: »Ich mag alles, was geschrieben ist, Zeitungen, Listen. Die Speisekarte und die Preise in der Bar kenne ich auswendig. Ich lese alles.«

»Ich auch, aber das erklärt nicht, wieso du nicht bei denen bist«, und sie blickte zu dem Grüppchen, das auf dem Sand Fußball spielte.

»Ich weiß nicht, was ich da soll, ihre Spiele sind nichts für mich. Nachmittags gehe ich schwimmen oder zum Fischerstrand, um zuzuschauen, wie sie die Netze einholen. Ein Mann, den ich kenne, nimmt mich manchmal zum Fischen in seinem Boot mit. Ich kann ein bisschen rudern.«

»Ich bin Schriftstellerin.«

Ich war bass erstaunt, sog Luft durch die Nase, in ihrer Nähe konnte ich das Mandelöl riechen, das sie als Sonnenschutz benutzte. Bei uns war es üblich, sich erst einen Sonnenbrand zu holen, und nach den wassergefüllten Blasen, die mit einer Nadel aufgestochen wurden, wuchs die Sommerhaut, eine zweite, robust und dunkel. Sie cremte sich mit einer kleinen Tube ein, auf Französisch stand darauf: Sonnenbad. Das war keine passende Bezeichnung. In Kreuzworträtseln würde es das Wort nicht geben. Man konnte ein Bad nehmen, wenn die Sonne schien, aber nicht in der Sonne. Cremebad hätte es heißen müssen. In der Werbung, das wusste ich schon, kam es mehr auf den Effekt an als auf Genauigkeit. Der Geruch aber stimmte an ihr.

»Oha, Schriftstellerin, dann weißt du, wie die Erwachsenen sind, wie sie funktionieren. Ich weiß auch, wie sie sind, aber ich habe nichts geschrieben, ich möchte nicht, dass sie sich ertappt fühlen.«

»Ich weiß nichts von den Erwachsenen, sie sind mir egal, ich schreibe Geschichten von Tieren. Ich studiere ihr Verhalten. Mit ihrem Körper führen sie lange Gespräche, die bei uns eine Stunde dauern, und trotzdem verstehen wir uns nicht. Ich versuche es zu machen wie sie und keine Zeit zu vergeuden.«

Ihre Mutter kam auf uns zu, als wohlerzogener Junge stand ich auf und sagte: »Guten Tag, Signora, ich heiße …« Die Frau lächelte gezwungen und ging an uns vorbei die Treppe hinauf.

»Du hast dich wie das Wolfsjunge verhalten«, sagte sie.

»Ich habe keine Zeit vergeudet?«

»Tiere grüßen sich häufig. Und jetzt grüße ich dich.« Sie stand auf und ging hinter ihrer Mutter her. Ich sah zu meiner Hand hinunter, die das Eis hielt. Es war geschmolzen, die Hand umfasste einen leeren Stiel.

PASSA LU MARE / FLIEG ÜBERS MEER

von Mario Di Leo, 2011

Die italienische Serenade besteht aus drei Liedern, die ein Verliebter unter dem Balkon seiner Angebeteten von Musikern vortragen lässt, er selbst bleibt erst einmal unerkannt.

Die Suche nach dem Urheber bestimmt das erste Lied: »Allora, chi è?« »Wer ist es?«, fragen sich alle. Das Mädchen gibt vor, es nicht zu wissen. Einige Freundinnen schauen vorbei, eine von ihnen lässt einen Namen fallen. Das Mädchen, dem die Serenade gewidmet ist, tut so, als fiele es vom Glauben ab. Es folgt das rituelle: »No!« »Niemals. Den will ich auf keinen Fall!«

Inzwischen sind wir beim zweiten Stück angekommen: Das »Niemals« ist jetzt nicht mehr so kategorisch. Doch die Freundinnen raten: »Lass den Jungen noch etwas zappeln!« Dieser arme Junge hockt jedoch seit einer halben Ewigkeit versteckt hinter einem Busch. In der Pause nach dem zweiten Lied fürchtet das Mädchen, dass er es sich anders überlegen könnte. Also macht sie das Licht an und signalisiert damit: »Ich habe dich erhört.«

Endlich schweben die ersten Töne des dritten Liedes hinauf zum sternenklaren Himmel. Es ist das schönste und das einzige, dem alle wirklich zuhören.

PASSA LU MARE

O rondinella che passi lu mare
Vola lontano, va non ti fermare
Vola lontano, va non ti fermare
Saluta se l'incontri lu mio amore

O rondinella che passi li monti
Passene uno e non ne passà tanti
Passene uno e non ne passà tanti
Saluta lu mio amor quannno l'incontri

Se su le onne stesse a navigare
Da parte mia portaje stu fiore
Se nvece l'incunttrassi pe la via
O rondinella faje cumpagnia

Se su lu ponte stesse a riposare
Abbassa l'ali tua e non fa rumore
Se invece la truvassi a lacrimare
Dije pianu pianu 'ste parole

Dije: »Bellezza mia non disperare
Chè vinutu mo lu tiempo de sognare
Sognate ntramonto de corallo
Le stelle che ncielo brillano cristallo

FLIEG ÜBERS MEER

Oh Schwalbe, die du über das Meer fliegst
Flieg fort, halt nicht an
Flieg fort, halt nicht an
Grüß mir meine Liebe, wenn du sie triffst

Oh, Schwalbe, die du über die Berge fliegst
Überflieg einen und nicht viele
Überflieg einen und nicht viele
Grüß mir meine Liebe, wenn du sie triffst

Wenn sie über die Wellen segelt
Bring ihr von mir diese Blume
Wenn du sie aber an Land triffst
Oh Schwalbe, leiste ihr Gesellschaft

Wenn sie auf der Brücke steht, um sich auszuruhen
Senke deine Flügel und sei ganz leise
Wenn du sie aber weinen siehst
Sag ihr ganz leise diese Worte

Sag ihr: »Meine Liebe, verzweifele nicht
Jetzt ist die Zeit gekommen, um zu träumen
Von einem korallfarbenen Sonnenuntergang
Die Sterne im Himmel leuchten wie Kristall

E sogna pure tutti li colori
Li mejo che se tignono li fiori
E sognate lu sole co la luna
Lu cielu co le stelle e la furtuna

E se lu mare po spuma argento
Se ncrespa l'onna a s'arza forte il vento
Passa lu mare e passa la tempesta
Passa li monti e passa la foresta

E non c'avè paura e vola via,
E vola in alto rondinella mia
Nte perde la strada pe favore
Tu che sai passa li monti co lu mare«

Und träume auch von allen Farben
Die schönsten, die die Blumen tragen
Träume von der Sonne, träume vom Mond
Vom Himmel mit den Sternen und vom Glück

Und wenn das Meer silbern schäumt
Weil die Wellen kämpfen und der Wind bläst
Flieg über das Meer, flieg durch den Sturm
Flieg über die Berge und flieg durch den Wald

Hab keine Angst, flieg weiter
Und flieg hoch, meine Schwalbe
Verirr dich bitte nicht
Du kannst über Berge und Meere fliegen

DER OHRRING

von Elsa Morante

ICH ANTWORTETE NICHT. »Artù!«, fing sie dann wieder
an, hastiger und mit wenig Atem wie jemand, der heim Laufen spricht, »was machst du? Warum stehst du nicht auf? Ich
habe süße Pizza gebacken wie letztes Jahr für deinen Fest-
tag ...«

Wenn ich auch nie meine Meinung geändert hatte, dass
sie im Grunde dumm war in ihrem Denken, so erschien mir
ihre Dummheit doch niemals so groß wie diesmal: riesig,
größer als die Unendlichkeit. Wie konnte sie nur kommen,
um mir von so nichtigen Dingen wie süßer Pizza zu sprechen in einem so entscheidenden Augenblick? Und selbst
ihre Freundlichkeiten, an die ich seit Langem nicht mehr gewöhnt war und die mir noch vor ein paar Tagen das Herz
weit gemacht hätten, verbitterten mich heute. Ich hätte es
vorgezogen, sie wäre feindselig gewesen, streng wie sonst,
und mir schien, dass auch sie all das begreifen müsste. »Geh,
Dummkopf, Idiotin!«, schrie ich sie an; und in einer ver-
zweifelten Wildheit stieß ich mit Gepolter die Tür auf. Da
stand sie, den Buben auf dem Arm, mit zitternden Lippen,
weiß wie eine Tote. Ich bemerkte sofort mit vor Zorn ge-
schärftem Blick, dass sie sich den berühmten Sammetrock

angezogen und auch Carmine festlich gekleidet hatte, gewiss, um den Tag würdig zu feiern. All das – anstatt mich zu besänftigen – verschlimmerte meinen Groll. Indessen trieb mich, ich weiß nicht welch ein Impuls äußerster Bitternis dazu, als Erstes in meines Vaters Zimmer zu laufen. Das Zimmer befand sich noch mehr oder weniger in der Unordnung der Abreise. Die Stiefmutter hatte es ihrer natürlichen Veranlagung nach nie allzu eilig, die Zimmer aufzuräumen, und so hatte sie nur die alten Kleidungsstücke, Schuhe, Zeitungen, Bücher, leere Zigarettenschachteln, die mein Vater offensichtlich in der Eile des Kofferpackens auf dem Boden verstreut zurückgelassen hatte, in einer Ecke zusammengehäuft. Auf dem Bett lag nichts weiter als die Matratze, ohne Decken oder Kopfkissen. Und ein rascher Blick in den offen stehenden Schrank genügte, um meine Vorahnung zu bestätigen: dass nämlich der gewohnte Platz, an dem W. G. seine – unsere historischen Schätze verwahrte (das Angelgewehr, das Marinefernglas usw.), leer war.

Von der Wand beim Bett lächelte wie immer, unbewusst, mit seinen freundlichen blinden Augen das Bildnis Romeos, des Amalfitaners.

Wie im Fieber ging ich in diesem verlassenen Zimmer hin und her unter den jammervollen und verstörten Blicken der Stiefmutter, die mir bis auf die Schwelle gefolgt war. »Weißt du, mit wem er abgereist ist?«, schrie ich nun, »er ist nicht allein abgereist, wie er dir weisgemacht hat! Er ist mit Stella abgereist!«

Sie schaute mich wieder an, wobei sie gleichzeitig versuchte, mit dem Kopf Carmine abzuwehren, welcher durch mein absonderliches Benehmen nervös geworden war und, um sich zu trösten, sich damit beschäftigte, in ihren Locken zu spielen. In meiner rachsüchtigen Verbissenheit fuhr ich wie ein richtiger kleiner Junge fort: »Er hat Stella lieber als dich!«

Beunruhigt trat sie ins Zimmer und setzte Carmine auf das große Bett. »Wer ist Stella? Ist es eine von hier?«, erkundigte sie sich, und ihre Züge waren plötzlich verzerrt von einer drohenden und barbarischen Wildheit. Man verstand aus ihrer Frage, dass sie bei dem Namen, den sie soeben zum ersten Mal gehört hatte, meinte, Stella wäre eine Frau. Doch kaum hatte sie von mir vernommen, dass es sich um einen gewissen Tonino Stella handelte, als ihr Antlitz sich wieder entspannte und vor Erleichterung rötete.

Bei dem offensichtlichen Ausdruck dieser ihrer wechselnden Erregungen spürte ich in mir auch eine andere, vergangene (wenn auch nie eingestandene) Eifersucht zurückkehren. »Ah«, rief ich ihr zu voller Schmerz, von einer zwiefachen Eifersucht überwältigt, »aber er liebt Stella! *Er liebt ihn!*«

»Er liebt ihn …«, wiederholte sie, und ihre Stimme war bei der Wiederholung dieses Wortes ausdruckslos gleich einem kalten und unschuldigen Echo. Kaum jedoch hatte sie es ausgesprochen, da hielt sie inne mit zögerndem Mund und zuckte zusammen in plötzlicher Scham. Ihre Augen blickten fragend und unschlüssig auf mich, um mich zu erforschen. Dann wandten sie sich schnell nach einer anderen Seite.

»Ja, er liebt ihn! *Er liebt ihn!* Und er ist ihm viel, viel wichtiger als du … und als Carmine … und als ich! Und als alle!«, fing ich wieder an wie von Sinnen.

Sie bewegte die Lippen, um zu widersprechen. Doch sie schwieg mit einer schwachen und mühseligen Grimasse, welche ihr einen Ausdruck vorzeitig gereifter Kindlichkeit verlieh. Meinem Blick ausweichend, schien sie sich eine Weile ganz in sich zu verschließen, einem kranken Spatz ähnlich, der sich zum Schutz in seinen Federn verkriecht; dann begehrte sie auf und wandte sich fast brutal gegen mich. »Du«, rief sie mit bebendem Atem. »Du sagst keine gerechten Worte ...« Währenddessen schaute sie Carmine verstohlen an, vielleicht fürchtete sie, er könnte mit seinem Verstand von einem Jahr meine schändlichen Worte gegen den Vater begriffen haben!

»Dieser Stella da, der mit ihm abgereist ist«, fuhr sie rechthaberisch fort mit gerunzelter Stirn, »kann überhaupt nie dasselbe sein wie ein Verwandter von ihm. Das ist eine Freundschaft ...« Dann zuckte sie leicht die Achseln. »Das da ist etwas anderes!«, schloss sie mit einer eigentümlichen Miene einfältiger Skepsis, voll Nachsicht und Verachtung zugleich.

In diesem Augenblick schien eine leuchtende, fast prunkvolle Reife sie zu umkleiden. Und sie schwieg, erhaben und ruhig, mit zusammengezogenen Brauen, wie um mir zu bedeuten, dass das Gespräch beendet sei.

Da schrie ich ihr in einem unsinnigen Ausbruch zu: »Aber du, liebst du ihn?«

Ich sah sie bei einer so unvermuteten Frage zusammenschrecken und im Nu die Fassung verlieren, als ob das Herz ihr urplötzlich versage. »Wie ... ich ... wen?«, stammelte sie.

»Ihn! Meinen Vater!«, sagte ich, »liebst du ihn?«

Die Wangen von einer dunklen Röte übergossen, von einem Brand, der ihr die Haut versengte, stand sie mir aufrecht gegenüber auf der anderen Seite des großen Bettes, das unsere beiden Gestalten trennte, und sie achtete nicht einmal mehr auf Carmine, so verstört war sie. »Was sagst du?«, wiederholte sie zwei- oder dreimal. »Er … ist mein Gatte …« Glaubte sie vielleicht, ich klagte sie an, dass sie meinen Vater *nicht* liebte? Und dabei war es das Gegenteil, weshalb ich Unseliger sie anklagte!

»Ich weiß es!«, stieß ich endlich hervor, meiner ganzen Bitterkeit die Zügel schießen lassend, »ich weiß, dass du ihn liebst!« Anstatt bei diesen meinen Worten wieder Mut zu fassen, zuckte ihr Gesicht heftig zusammen wie unter einem Hieb, und sie schaute mich mit großen, wehrlosen, weit offenen Augen an in einer eigenartig verworrenen Bitte.

»Ich weiß! Du liebst ihn!«, wiederholte ich. »Warum liebst du ihn?«

»Ach … ich kann … diese Worte … nicht hören … Ich bin doch … seine Frau …«

»Er hat dich beleidigt! Dich beleidigt!«

»Ach, Artù … weshalb sprichst du so … von ihm? Er ist dein Vater …«, unterbrach sie mich. Eine ungestüme Rührung nahm alle Farbe aus ihrem Gesicht, ihre vorherige Röte in ein fiebriges, schüchternes Rosa verwandelnd. »Und dann«, fügte sie hinzu, »ist er unglücklicher als du …«

»Mein Vater … ist unglücklich?«

»Oh, du … bist glücklicher … als er«, bekräftigte sie und schüttelte bedächtig den Kopf. Unwillkürlich, wie ohne sich bewusst zu werden, war sie wieder zu Carmine getreten und, sicherlich um ihn von unseren so überaus gottlosen Gesprächen abzulenken, ließ sie ihn mit einem Bändchen spielen, das sie aus ihrem Haar gezogen hatte. »Du hast mehr Glück als er«, wiederholte sie, »ach, du – wer weiß, wie viele schöne Frauen du haben wirst in deinem Leben …«

Als sie mir diese Weissagung machte, zitterte ihr leicht das

Kinn gerade wie bei einem kleinen Mädchen. Und die angeborene, ein wenig spröde, beinahe fade Harmlosigkeit ihrer Stimme erhielt (von den verborgenen Tränen) eine Resonanz, welche den unvollkommenen Klängen gewisser armseliger und kindlicher Instrumente ähnlich war. Noch immer ihr Haupt wiegend, fuhr sie fort: »Und ihn dagegen ... ihn mögen sie gar nicht so gern, die Frauen! Er ist ... zu natürlich ... er ist nicht diplomatisch ... es kommt ihm nie in den Sinn, ihnen schönzutun. Pah, die meisten Frauen mögen so einen gar nicht, der bloß so ein klein bisschen mit ihnen zusammen ist und dann nicht mehr dran denkt. Und ohne jemals so eine kleine Nettigkeit, ohne eine hübsche Schmeichelei oder so was, als hätte er es mit irgendeinem schlechten Weibsbild zu tun. Deswegen denken sich viele Frauen, dass es sich nicht gut ausnimmt für sie ...«

Solcherlei Worte, die wohl nötig waren, um mir ihre Überzeugung deutlich zu machen, entrangen sich ihrer Brust mit sichtbarer Verlegenheit (unter Erröten vor Unschuld und Ungeschicklichkeit, und vielleicht auch, weil sie ein Echo – kaum wahrnehmbar in ihrem Atem – unfreiwilliger, geheimer Seufzer waren ...), aber dennoch mit der Würde einer sehr erfahrenen Frau! Und fast mit dem Gefühl von Belustigung erkannte ich nun in ihrer eben vorgebrachten Beweisführung gewisse berüchtigte Reden ihrer Mutter Violante.

»Also, darum«, schloss sie, »habe ich dir von ihm gesagt, dass er unglücklicher ist: denn mit den Frauen kann er kein Glück haben!«

»Aber«, wandte ich ein, »er ist ein sehr schöner Mann!«

»Na ja, sehr schön ... ich will nicht gerade sagen, dass er hässlich ist, nein, bewahre! Es geht so ... Außerdem ist er alt.«

»Alt?«

»Na und, ist er etwa nicht alt? Weißt du, wie viele Jahre er alt ist?«, sie zählte an den Fingern ab, »fünfunddreißig vollendet, er ist im sechsunddreißigsten! Er hat schon Falten, weiße Haare …«

Das hatte auch ich bemerkt; aber ich hatte trotzdem noch nicht gedacht, dass mein Vater tatsächlich nunmehr ein alter Mann wäre.

»Also, darum«, fing sie wieder an, »hab ich dich gebeten, dich dran zu erinnern … an den Respekt vor deinem Vater. Denn außer, dass du sein Sohn bist … bist du mit deinem Los, verglichen mit seinem Los, wie ein großer Signore, so reich! Wo dir in deinem Leben wer weiß wie viele hübsche Frauen begegnen werden, und elegante Fräulein, und Ausländerinnen, die … die … dich lieben werden … Und wer weiß, was für eine hübsche Braut du bekommen wirst …«

Sie schluckte ein-, zweimal. Ihre Stimme war von Neuem brüchig geworden. Bald darauf jedoch schloss sie, die Stirne senkend, mit einem milden und sanften, überzeugenden Ernst: »Und er dagegen, wenn er nicht mich genommen hätte, wo hätte er sonst wohl, jetzt wo er auch noch alt ist, die Zuneigung von einem anderen Christenmenschen finden können? Eh, wenn ich nicht da gewesen wäre, vielleicht hätte sich überhaupt keine andere Frau eingelassen mit ihm … Und er, so wie er ohne Familie geboren ist, der Ärmste, wär er allein und ein Zigeuner geblieben sein ganzes Leben lang, gerade wie ein Soldat von der Legion … Jetzt in seinem Leben, um für ihn zu sorgen, bin ich allein da …«

Diese letzten Worte brachte sie nicht mit Demut hervor, sondern im Gegenteil, mit dem Selbstgefühl einer matronenhaften Überlegenheit, in welche sich die Miene einer fast kindlichen Tüchtigkeit mischte. Und in einer solch komischen Mischung erschien mir ihre unerreichbare Schönheit wundervoll, eines wahren Königs würdig! Ich verharrte einen Augenblick lang, sie zu betrachten, dann stieß ich hervor: »Du irrst dich, wenn du glaubst, dass ich mir eine Braut nehmen werde!«

»Artù …! Warum …«

»Du irrst dich! Es gibt nur eine einzige Frau, die meine Braut sein könnte! Ich weiß ganz genau, wer es ist! Und eine andere will ich nicht! Ich werde mich niemals mit irgendeiner verheiraten!«

Sie starrte mich an mit immer ängstlicherem Gesicht, als hätte ich ihr einen Fluch zugeschrien. Doch ohne es zu wollen, sprach ihr Blick eine beflügelte, lachende Dankbarkeit aus, selbst in der Ungläubigkeit, die ihn beschattete: fast als wäre sie im Grunde nicht unzufrieden, wenn ich Junggeselle bliebe zu Ehren dieser einen gewissen Frau!

Da erfasste mich wieder meine ganze Liebe zu ihr in einem großen Feuer von Bedauern, Forderungen und Aufbegehren. Einem irren Feuerrad ähnlich, entbrannten in meiner Fantasie all die schönen Schmeichelworte, die ich ihr sagen würde, wenn ich ihr Mann wäre; und die Liebkosungen und die Küsse, die ich ihr geben, und wie ich jede Nacht eng an ihrem nackten Körper schlafen würde, um ihre Brust neben mir zu fühlen, auch im Schlummer. Und die hübschen Kleider, die ich ihr kaufen würde; und auch in einem seidenen Unterrock würde ich sie haben wollen und in einem Hemd aus Seide und mit Stickerei, um es an ihr zu sehen, wenn ich sie auskleidete. Und ich würde sie auf Besuch bringen zu ihrer Mutter Violante, in Pelz gekleidet, mit einem Federhut, wie eine erste Dame aus Neapel! Und die Reisen, die ich machen würde, waren einzig und allein zu dem Zweck unternommen, ihr alle Tage Briefe zu senden, so schön geschrieben wie Dichtungen eines Genies. Und ich würde bis nach Amerika reisen und bis in das ferne Asien, um ihr von dort Juwelen mitzubringen, wie sie keine andere besaß. Aber nicht, damit sie diese verwahrt hielte, sondern dass sie ihren Hals damit bedeckte und ihre Ohren und ihre kleinen Hände, als wären es alles meine Küsse. Dass, wenn ihre Freundinnen und Bekannten sie mit Gold und echten Edelsteinen so reich geschmückt vorüberschreiten sähen, alle sagen müssten: ›Die Glückliche, die einen so bedeutenden Gatten hat‹.

Diese Gedanken (die ich schon mehr als einmal gedacht und in den vorangegangenen Monaten mühsam verscheucht hatte, seit dem berühmten Tag, als ich entdeckt hatte, dass ich sie liebte) wirbelten mir durch den Sinn – ich wiederhole es – wie ein Fest von Feuern. Die Unmöglichkeit, welche solcherlei Gedanken der Freude in Schmerz verwandelte, war eine widernatürliche Ungerechtigkeit, die mich verzehrte; aber dieweil N. dort vor mir stand, atmend und leiblich, wurde mir mit einem Mal jegliche Unmöglichkeit absurd. In einer Anmaßung von Glückseligkeit lief ich auf die andere Seite des Bettes zu ihr hin und sagte: »Ich liebe dich!«

Es war das erste Mal in meinem Leben, dass ich dieses Wort aussprach: und mir war, da ich es mich sagen hörte, als müsse sie die gleiche Erschütterung empfinden wie ich, der es sagte. Stattdessen war es die gewohnte ungeheure Verneinung (welche mir in diesem Augenblick verhasster erschien als irgendein niedriger Aberglaube), die ihr das Gesicht zerriss. Sie schrie: »Nein, Artù! Man darf nichts Böses tun!«

Und da – mit der raschen Wut dessen, der sein Recht will – umschlang ich sie fest und versuchte, sie auf den Mund zu küssen. Doch rasch entzog sie sich meinem Kuss, fieberhaft den Kopf nach hinten drehend, und rief abermals: »Nein! Nein!«, in einer Art von wildem Hilfeflehen, als ob hier im Zimmer außer dem verängstigten wehrlosen Carminiello irgendjemand wäre, der ihr zu Hilfe kommen könnte! Darauf fing sie an, sich gegen mich zu verteidigen, mit den Knien, mit den Ellenbogen und den Fäusten kämpfend, sogar mit den Nägeln und den Zähnen. Ein Raubtier der Wüste hätte, um mich zu töten, nicht so viel Wildheit entwickeln können, wie sie es tat, um mir einen Kuss zu verweigern! Da verkehrte sich meine Liebe in Hass; und ehe ich von ihr abließ, ohne sie geküsst zu haben, tobte ich mit wütenden Händen mich aus, indem ich ihre zurückgebogenen Wangen, ihren Hals und ihre Haare blindlings misshandelte. Bis ich mit bestürztem Staunen (welches viel mehr aus einer seltsamen Unschuld als aus Reue bestand) in der Wirrnis ihrer Locken ihr kleines rosiges Ohr sich mit ein paar Blutstropfen beflecken sah.

In meinem unbesonnenen Zorn hatte ich sie so gewaltsam am Ohrring gezerrt, dass der Verschluss sich aufgehakt und ihr das Ohrläppchen ein wenig eingerissen hatte. Und als ich sie losließ, fand ich zwischen meinen Fingern als armselige Beute jenen kleinen goldenen Ring. Unterdessen hörte ich wie im Traum den Stiefbruder weinen, der sicherlich überzeugt war, dass ich ihm seine Mutter umbringen wollte! Und ich sah, wie sie totenbleich den Buben an sich zog und sich an seinem Kleidchen hielt, als wäre sie sonst zu Boden gefallen. Ich glaube, sie klagte nicht einmal, so fassungslos war sie, und sie starrte mich mit den großen, weit auf gerissenen Augen, schwach und voller Schmerzen, an, als erwarte sie sich von mir irgendein neues Entsetzen. Ich warf ihr den Ohrring vor die Füße: »Schändliche, Verruchte!«, schrie ich ihr zu. »Hab keine Angst, ich werde dich nie mehr küssen.« Und aus dem Zimmer laufend, setzte ich hinzu: »Addio! Für immer! Es ist alles zu Ende!«

DIE HURE VON SCIACCA

von Andrea Camilleri

ES WAR ZU DER ZEIT, als mein Heimatort noch nicht Porto Empedocle hieß, sondern Mole von Girgenti. An einem eiskalten Februartag erreichte die örtliche Polizeistation eine Mitteilung, wonach um zwanzig Uhr mit dem Postwagen eine Prostituierte eintreffen sollte, die mit einem offiziellen Ausweisungsbescheid wieder in ihren Heimatort im Inneren Siziliens zurücktransportiert wurde. Es ging also darum, diese Frau in dem Augenblick, wo sie aus dem Wagen stieg, zur Seite zu nehmen, sie in die Sicherheitszelle zu bringen und sie am folgenden Tag in einen Zug zu setzen.

Mit dieser Sache wurde Agatino beauftragt, ein hervorragender Polizist. Wegen des schlechten Wetters kam der Postwagen erst um Mitternacht an. Da nun aber keinerlei Beschreibung der Prostituierten beigefügt war, dachte Agatino, es sei klug, sich neben jeder Frau aufzustellen, die aus dem Wagen stieg, ihr die Lampe dicht ans Gesicht zu halten und ganz arglos zu fragen:

»Sind Sie die Hure von Sciacca?«

Er wurde von den Ehemännern, Vätern, Brüdern, Cousins und anderen Verwandten der so angesprochenen Frauen ziemlich übel zugerichtet. Und dabei hatte er noch

Glück, denn wegen der Verspätung und der Kälte hatte keiner der Männer große Lust, ihn auch noch mit Tritten zu traktieren. Benommen und blutend näherte er sich der letzten Frau, die gerade vom Wagen herunterstieg, und stellte auch ihr, mit hauchdünner Fistelstimme, seine Frage.

»Ja«, antwortete die Hure.

In seiner Dankbarkeit hätte nur wenig gefehlt, und Agatino wäre ihr um den Hals gefallen. Er brachte sie in die Sicherheitszelle, empfand aber Mitleid mit diesem vor Kälte erstarrten Geschöpf: Um sie nicht neben die anderen Mitreisenden zu setzen und keine Versuchungen unter den Männern des Begleitpersonals aufkommen zu lassen, hatte der Polizeikommandant verfügt, sie am nächsten Tag auf dem Zugdach über der Achse, im Freien, mitfahren zu lassen.

Agatino machte Feuer in einem Holzkohlenbecken, aber das reichte nicht aus. Er brachte es nicht übers Herz, sie alleine zu lassen, und nahm sie mit zu sich nach Hause. Sie redeten die ganze Nacht miteinander. Am nächsten Tag fuhr die Frau nicht mir dem Zug ab, wie sie es hätte tun sollen, sondern blieb in Agatinos Wohnung. Drei Monate später heirateten sie. Agatino, der Polizist, quittierte seinen Dienst und arbeitete als Maurer. Sie bekamen berühmte Kinder, die reinen Herzens und Sinnes aufwuchsen, sodass die besten Familien nur neidisch werden konnten. Und das ist auch der Grund, weshalb ich Agatinos Familiennamen hier nicht nennen will.

FAMO ALL'AMORE / LIEBE MICH

von Mario Di Leo, 2011

Das Lied erzählt die Geschichte einer jungen Frau, die ihren alten Ehemann betrügt. Von ihrem Liebhaber lässt sie sich dazu anstiften, ihren Gemahl zu vergiften. Sein Retter ist das gemeinsame Kind. Es ist zwar erst neun Monate alt, kann aber schon sprechen und den Vater auf wundersame Weise vor dem Becher mit dem vergifteten Wein warnen.

Die Geschichte geht zurück auf eine uralte Ballade und ist im umbrischen Dialekt des Valnerina, des Neratals, geschrieben. Mit ihren zahlreichen regionalen Fassungen und Melodien ist sie in ganz Italien verbreitet und wird in den jeweiligen Dialekten gesungen.

FAMO ALL'AMORE

Famo all'amore, Donna Lomarda
Famo all'amore so fijo de re
Famo all'amore, Donna Lombarda
Nc'avè paura de tu marì

Issu è bruttu sozzo e vecchiu
Te mparo io a fallu murì
Jo sotto l'orto del Signor Padre
Dietro na cerqua ce sta nserpentino

Pija la capoccia de sta bestiaccia
Tritala bene tritala fina
E quanno poi l'avrai tritata
Mittila dentro mbicchiere de vino

Viè lu maritu dalla campagna
»Donna Lombarda damme da be'!«
»Come lo vuoi c'è bianco e nero«
»Me lo pijo comme va a te.

Ma sta vinella Donna Lombarda
Cambia colore e torbida è«
»Forse i tuoni dell'altra sera
Saranno stati a farla cambiar!«

LIEBE MICH

Liebe mich, Donna Lombarda
Liebe mich, ich bin der Sohn eines Königs
Donna Lombarda, liebe mich
Hab keine Angst vor deinem Gemahl

Er ist hässlich, schmutzig und alt
Ich zeige dir, wie du ihn töten kannst
Unten im Garten des Herrn Vaters
Lebt eine Schlange unter einer Eiche

Nimm den Kopf des Tieres
Hack ihn klein, hack ihn ganz fein
Und wenn du fertig bist
Gib ihn in ein Glas Wein

Kommt Dein Gemahl vom Feld nach Hause
Ruft er: »Donna Lombarda, gib mir zu trinken«
»Welchen möchtest Du? Weiß oder rot?«
»Ich nehme den, den du mir einschenkst

Aber dieser Wein, Donna Lombarda
Hat eine komische Farbe, und trüb ist er auch«
»Vielleicht hat das Gewitter am gestrigen Abend
Ihn verändert, das wird es sein!«

Ma na cratura de nove mesi
Da na culletta se mise a strillà
»Papà non beve ce sta lu veleno
Papà non beve pe carità!«

»Donna Lombarda, donna infidele
Bivila tu sta ndocca de fiele«
E co ncurtieju sotto la gola
Ncucittu a la ota lo mannava jo

»Dovrò morire giovane e bella
Nel fior degli anni io morirò
Dovrò morire giovane e bella
E una gran pena in fondo al cuor

Addio marito, addio per sempre
Ci rivedrem lassù nel ciel
Ci rivedremo lassù nel cielo
Ma chissà quando ci rivedrem!«

Aber ein Kind, erst neun Monate alt
Schrie in seiner Wiege lauthals auf:
»Papa, trink nicht, der Wein ist vergiftet
Papa, trink nicht, um Himmels Willen!«

»Donna Lombarda, du treuloses Weib
Trink du dieses Teufelsgebräu«
Und mit einem Messer am Hals
Trinkt sie das Glas bis zum letzten Schluck leer

»Ich muss jung und schön sterben,
In der Blüte meiner Jahre muss ich sterben
In der Blüte meiner Jahre, jung und schön
Welch großes Leid tief in meinem Herzen

Lebe wohl mein Gemahl, lebe wohl für immer
Wir sehen uns dort oben im Himmel wieder
Wir sehen uns dort oben im Himmel wieder
Wer weiß, wann wir uns wieder sehen!«

DAS DAMPFROSS

von Ermanno Cavazzoni

»ES IST EINE URALTE GESCHICHTE«, so begann Nestor zu erzählen, »dass nämlich meine Frau damals, als ich sie hatte, bei allen das Dampfross hieß. Sie war eine ziemlich stattliche Frau, schon an und für sich; also ziemlich stattlich in allem, was den Körper betraf, für eine Frau eben.

Und mich nannte sie immer ihr schmuckes Nestörchen, das war, ehe ihr diese Dampfkrause um den Kopf herumwuchs, und sie sagte immer: ›Nestörchen, mein schmuckes, heute vögeln wir zwei‹, haben Sie verstanden? So; und ich sagte: ›Irene, ich bin so weit‹, damals nannte ich sie nämlich noch Irene, wie sie wirklich hieß, als sie weder für mich noch für sonst jemanden das Dampfross war.

Ich sagte: ›Irene, ich bin so weit‹, und sie: ›Los, Nestörchen, jetzt vögeln wir‹, und so redeten wir miteinander, und jetzt passen Sie auf: Da war auf einmal ein Geruch überall, und ich denke, dass so die Frauen riechen. Daran kann ich mich erinnern.

Ich weiß nicht, was mir an dem Dampfross gefiel, damals. Vielleicht weil ich mich mit den Frauen und dem Vögeln und so nicht recht auskenne. Als wir gewöhnliche Verlobte waren, da hatte sie keine so unerhörte Kraft oder sie hat's mich nicht spüren lassen, glaube ich.

Ich weiß noch, dass sie immer ›Nestörchen, mein schmuckes‹ sagte und dann ganz eigentümlich schnaubte in solchen Momenten und so etwas Eigenes ausschwitzte, das wie der Dampf einer Lokomotive war.

Ich erkannte sie in solchen Momenten nicht wieder, sie wurde eine Art Dampfkessel und bekam eine unmenschliche Kraft. Ich glaube, es fing jedenfalls immer mit dem Dampfkessel an, denn sie kam unter Druck und ihre Temperatur stieg, und da wurde ich ein armer Kolben in ihrer Hand. Ich glaube, dass sie innen drin eine Zeit lang richtig kochte und dafür einen Druckverminderer brauchte.

In meiner Jugend hat mir das Dampfross schon gefallen, weil es nämlich eine so stattliche Frau war, die sich gern bewundern ließ.

Und auf der Straße nahm sie sich gut aus; ich dachte, sie sei eine gute häusliche Frau mit viel Geduld. Sie nannte mich schon damals Nestörchen, aber ohne Ansprüche zu stellen, und ich sagte ›Irene, Irene‹ zu ihr, und es kam mir von Herzen. Erst später hat sie mit solchen Wörtern angefangen wie: ›Los, Nestörchen, mach's wie der Wind‹, und ich zappelte mich ab für sie, auf dem Sofa.

Später habe ich sie Dampfross genannt, aus dem Grund, weil es angemessen war, von einem bestimmten Moment an. Eigentlich aber haben sie dann alle so genannt, wegen ihres Haars, aber für mich war sie eine Lokomotive, und das Sofa waren damals für mich die Schienen.

Erschöpft war ich damals, das kann ich sagen, ich war nahe am Nervenzusammenbruch, und ich musste fast ein wenig weinen, wenn sie sich auf die Schienen legte und ihr innerer Druck zunahm; ich merkte es genau, und dann fing sie schon an so zu schnauben, das hieß: ›Los, Nestörchen‹, und ich fühlte mich auf der Stelle erschöpft und schwach, auch meiner Konstitution und Abstammung nach, und ich passte nicht zu ihr; ich war ungeeignet.

Sie hatte ihre Schienen und die führten auf das Sofa, und mir war es immer, als würde ich auf die Lokomotive steigen, und in ihr brannte der Koks wie in einer Art Esse, die sie irgendwo haben musste, sonst hätte sie nicht so dampfen können. Dann sah ich überhaupt nichts mehr, während sie ihre Dampfsirene pfeifen ließ oder ein Sicherheitsventil oder was weiß ich wegen des Drucks.

Ich war eigentlich immer erschöpft, aber ich war in ihrer Hand, und wegen meiner Erschöpfung sah ich nicht mehr gut und hörte nur den Lärm der Schienen und den ganzen Dampf, den sie machte, und wie sie schnaubte, und ich war immer ein armer kleiner erschöpfter Mann, der den Ehemann spielte, so gut er konnte. Und manchmal hätte ich ›Irene‹ zu ihr sagen mögen, aber da war sie schon das Dampfross geworden, das auf vollen Touren lief, ohne zu hören, mit seinen Ventilen und seinem Dampf und den Waggons hinter sich.

Diese Lokomotive gab es natürlich nur in meiner Vorstellung, aber ein wenig echt war sie auch. Damals glaubte ich, die beiden funktionierten nach denselben Prinzipien und sie hätte eine Lunge wie ein Öfchen. Konnte ja auch sein. Also, dass sie eine Lokomotive im Kleinen war, innen drin.

Einmal habe ich sie auch entgleisen hören, vom Sofa runter, aber genau weiß ich's nicht. Es klang in meinen Ohren wie ein Bremsenkreischen und wie ein Radau, der nicht von Menschen kam, sondern von Eisenbahnwaggons und Weichen. Und ich glaube, ich habe auch Stationsvorstände mit ihren Pfeifchen gehört, aber es wird wohl nicht alles wahr gewesen sein. Ich war ja vollkommen erledigt und hatte anämisches Blut damals und sonst nichts als schlimme Träume; nachts lag ich immer unter Schienenfahrzeugen, die entgleisten, und auf meinen armen Knochen spürte ich die Bremsen der Züge, während das Dampfross schlief und im Bett lag wie in einem Depot.

Dann träumte mir von einem Krachen, die ganze Nacht träumte mir von einem Krachen, das mich anfiel, und das Dampfross lag friedlich da, riesengroß im Dämmerschein, und atmete, denn ganz leer gebrannt war es, glaube ich, nie.

Ich bin ein Pechvogel, sage ich, oder die Frauen sind nicht meiner Sache, wegen meiner Konstitution.

Ich weiß nicht, wie es ihr dann in den Sinn gekommen ist, ihr Haar wie ein Gerüst um den Kopf herum aufzustellen und aufzubauschen, bis es eine große gelbe Dampfwolke war, die ihr überallhin folgte. Zu einer Dampfkrause war ihr Haar geworden, und deshalb nannten sie die anderen das Dampfross oder respektvoll Frau Dampfross.

Ich war auf jeden Fall ununterbrochen erschöpft in all den Jahren.

Sie kam die Treppe herauf, und mir wurde schon übel, wenn ich ihre Stimme hörte, die mich locken sollte und immer nur sagte: ›Nestörchen, wo bist du, Nestörchen?‹, und ich war ja als Ehemann verpflichtet, auch am Nachmittag. Und sie war für mich zu einem Dampfzug geworden und ich ein Rädchen, das funktionieren muss, weil es auf der Welt so eingerichtet ist. Aber sie war wirklich ein Eisenbahnzug, nicht zum Spaß. Ich sah in ihr wirklich eine Lokomotive oder in allen Einzelheiten so etwas Ähnliches, dass es mich an manchen Tagen selber wunderte, denn sie dampfte ja nicht nur aus allen Löchern, sondern ihre Beine bewegten sich wie Räder mit Kolben. Ich kann nicht genau sagen, wie das Gestell ihrer Beine überhaupt aussah, aber wenn ich ihnen zuschaute, während sie funktionierten, musste ich sagen: ›Aber das ist eine Dampflokomotive.‹

Und vielleicht mochte ich sie noch ein wenig, schließlich war ich ja ihr Mann, aber ich musste mir auch sagen: ›Schau mal an, wie sich Menschen ändern!‹

Sie war eine Lokomotive mit ihrer Rauchwolke und ihrer Dampfkrause, und sie hatte dieselbe Kraft, die Züge gewöhnlich gegen die Puffer entwickeln.

Ich ging auf den Bahnhof und schaute mir die Züge an, vergleichshalber, weil ich sehen wollte, ob gegen den Dampf wirklich nichts zu machen ist oder wie man ein Zugführer wird, der die Lokomotive fahren und halten lässt, wann er will, oder sie auf ein Abstellgleis fährt und dort stehen lässt, solange es ihm passt.

Ich habe sogar versucht herauszukreigen, ob sie überhaupt ein Mensch ist. Da sage ich zu ihr: ›Also, du machst wirklich einen Haufen Dampf‹, und sie: ›Los, Nestörchen, komm her zu mir‹, und ich sah, wie ihre Dampfkrause mit ihr kam und sich noch ein wenig aufblies vor Gier. Und ich sagte: ›Woher nimmst du denn den vielen Dampf?‹ Und sie sagte nur: ›Ach, Nestörchen, jetzt leg dich her und sei schön lieb, ja‹, aber das klang wie das Schnauben einer Lokomotive im Bahnhof, die sich rüstet und unter Druck kommt und noch gemäßigt schnaubt, als würde sie ihre ganze Kraft für nachher aufsparen.

Da sagte ich noch einmal zu ihr: ›Hast du eigentlich schon immer so stark gedampft?‹; aber sie begann schon auf dem Sofa zu rattern und mir vernebelte sich der Blick, als wäre ich unter Wasser, und schon begannen ihre Sirenen, Räder und Kolben zu lärmen und selbst ein schwerer Zug hätte sie nun nicht mehr aufhalten können.

Und das arme Sofa war die Landschaft, die unter meinen verschleierten Blicken vorbeiflog, und ich hatte ein brüderliches Herz für die samtenen Ranken und die gepolsterten Armlehnen mit ihren schönen damastenen Blumen. Dann ging es dahin mit mir armem Rädchen in dieser mächtigen Lokomotive, die auf ihren eisernen Schienen vorwärtsschoss; und der Rauch, der viele Rauch! Und einmal habe ich auch zu ihr gesagt, damit sie auch einmal etwas sagte: ›Aber bist du denn ein Zug, Irene?‹; doch ich glaube nicht, dass man meine feine Stimme hören konnte, oder für sie war es wohl nur ein leiseres Quietschen ihrer dampfenden Gestänge oder ihres Schlots, oder ich war ein ausgehender Funke in ihrem Heizkessel.

Und mit meinen Händen befühlte ich das Geländer, das die Züge an der Seite haben, und das Trittbrett zum Führerhäuschen aber ich fühlte es wirklich mit aller Deutlichkeit und stellte mir diese Lokomotive vor, die ohne Führer unaufhaltsam dahinraste.«

ERA DE MAGGIO / ES WAR MAI

von Salvatore Di Giacomo, 1885

»Era de maggio« *ist eines der schönsten neapoli-*
tanischen Liebeslieder. Alle großen Sänger von Caruso
über Noa bis Pavarotti haben es gesungen. Es geht
darin um ein Paar, das im Wonnemonat Mai Abschied
voneinander nimmt. Die beiden gestehen sich ihre
Liebe und versprechen, sich im nächsten Jahr zur selben
Zeit am selben Ort wieder zu treffen. Im zweiten Teil
des Liedes ist es so weit. Die beiden erneuern ihren
Liebesschwur.

ERA DE MAGGIO

Era de maggio e te cadeano nzino
A schiocche a schiocche li ccerase rosse
Fresca era ll'aria e tutto lu ciradino
Addurava de rose a ciente passé

Era de maggio, io, no, nun me ne scordo
Na canzona cantàvemo a doie voce
Cchiù tiempo passa e cchiù me n'allicordo
Fresca era ll'aria e la canzona doce

E diceva: »Core, core
Core mio, luntano vaie
Tu me lasse e io conto ll'ore
Chi sa quanno turnarraie!«

Rispunneva io: »Turnarraggio
Quanno tornano li rrose
Si stu sciore torna a maggio
Pure a maggio io stonco ccà
Si stu sciore torna a maggio
Pure a maggio io stonco ccà«

E so' turnato, e mo, comm'a na vota
Cantammo nzieme lu mutivo antico
Passa lu tiempo e lu munno s'avota
Ma ammore vero, no, nun vota vico

ES WAR MAI

Es war Mai und rote Kirschen
Fielen in Deinen Schoß
Die Luft war frisch und im Garten
Dufteten die Rosen

Es war Mai, ich werde es nie vergessen
Wir sangen ein Lied, zweistimmig
Je mehr Zeit vergeht, desto besser erinnere ich mich
Die Luft war frisch, und das Lied war süß

Sie sagte: »Herz, Herz
Mein Herz, Du gehst weit fort
Du verlässt mich, und ich zähle die Stunden
Wer weiß, wann Du wiederkommst«

Ich antwortete: »Ich werde zurückkommen
Wenn die Rosen blühen
Wenn diese Blume im Mai wieder da ist
Werde auch ich wieder da sein
Wenn diese Blume im Mai wieder da ist
Werde auch ich wieder da sein«

Ich bin zurückgekommen
Jetzt singen wir wie damals unser Lied
Zeit vergeht, und die Welt ändert sich
Aber wahre Liebe bleibt

De te, bellezza mia, m'annammuraie
Si t'allicuorde, nnanze a la funtana
Ll'acqua llà dinto nun se secca maie
E ferita d'ammore nun se sana

Nun se sana, ca sanata
Si se fosse, gioia mia
Mmiezo a st'aria mbarzamata
A guardarte io nu' starria

E te dico: »Core, core
Core mio, turnato io so'
Torna a maggio e torna ammore
Fa de me chello che vuo'!«

Ich habe mich in Dich verliebt, meine Schöne
Weißt du noch, vor dem Brunnen
Er wird nie austrocknen
So wie der Liebesschmerz niemals heilt

Er heilt nie, und wenn er es täte
Wäre ich nicht hier, meine Liebe
In dieser duftenden Luft
Und könnte Dich nicht ansehen

Ich sage Dir: »Herz, Herz
Mein Herz, ich bin zurückgekehrt
Der Mai ist da und die Liebe auch
Mach mit mir, was Du willst«

TEXTNACHWEIS

Sämtliche canzoni d'amore *wurden von Mario Di Leo und Sabine Böhne-Di Leo ins Deutsche übertragen.*

Avallone, Silvia, »Giada« aus *A Casa Nostra*. Aus dem Italienischen von Michael von Killisch-Horn. © 2011, Verlag Klaus Wagenbach Berlin.

Calvino, Italo, »Die drei Alten« aus *Die Braut, die von Luft lebte und andere italienische Märchen*. Gesammelt und nacherzählt von Italo Calvino. Aus dem Italienischen von Burkhart Kroeber. © 1993, Carl Hanser Verlag München.

Camilleri, Andrea, »Die Hure von Sciacca« aus *Fliegenspiel*. Aus dem Italienischen von Moshe Kahn. ©2000, Verlag Klaus Wagenbach Berlin.

Campo, Rossana, »Noch ein Schuft« aus *Am Anfang war die Unterhose*. Aus dem Italienischen von Hilde Brunow. ©1993, Goldmann Verlag München.

Cavazzoni, Ermanno, »Das Dampfross« aus *Gesang der Mondköpfe*. Aus dem Italienischen von Marianne Schneider. © 1996, Verlag Klaus Wagenbach Berlin.

Cavazzoni, Ermanno, »Selbstmord eines Liebespaares« aus *Kurze Lebensläufe der Idioten*. Aus dem Italienischen von Marianne Schneider. © 1994, Verlag Klaus Wagenbach Berlin.

De Luca, Erri, Auszug aus *Fische schließen nie die Augen*. Aus dem Italienischen von Annette Kopetzki. © 2013, Graf Verlag in der Ullstein Buchverlage GmbH Berlin.

Eco, Umberto, »Nonita« aus *Platon im Striptease-Lokal*. Aus dem Italienischen von Burkhart Kroeber. © 1990, Carl Hanser Verlag München.

Fo, Dario, »Die Beerdigung meines Vaters«, Auszug aus *Meine ersten sieben Jahre und ein paar dazu*. Aus dem Italienischen von Peter O. Chotjewitz. © 2004, Verlag Kiepenheuer & Witsch Köln.

Gadda, Carlo Emilio, »Jole« aus *Cupido im Hause Brocchi*. Aus dem Italienischen von Toni Kienlechner. © 1987, Verlag Klaus Wagenbach Berlin.

Ginzburg, Natalia, »Er und ich« aus *Er und ich*. Aus dem Italienischen von Alice Vollenweider. © 1965, Friedenauer Presse Berlin.

Magnani, Franca, »Marcello Mastroianni« aus *Mein Italien*. © 1997, Verlag Kiepenheuer & Witsch Köln.

Magnani, Franca, »Über italienische Männer« aus *Mein Italien*. © 1997, Verlag Kiepenheuer & Witsch Köln.

Morante, Elsa, »Der Ohrring« Auszug aus *Arturos Insel*. Aus dem Italienischen von Susanne Hurni-Maehler. © 1997, Verlag Klaus Wagenbach Berlin.

Moravia, Alberto, »Ach, die Frauen« aus *Neue römische Erzählungen*. Aus dem Italienischen von Michael von Killisch-Horn. © 1991, List Verlag in der Ullstein Buchverlage GmbH Berlin.

Moravia, Alberto, »Das Hirngespinst« aus *Das Paradies*. Aus dem Italienischen von E. A. Nicklas.

Parise, Goffredo, »Sesso sex« aus *Alphabet der Gefühle*. Aus dem Italienischen von Dirk J. Blask. © 1996, Verlag Klaus Wagenbach Berlin.

Pasolini, Pier Paolo, »Sandro« aus *Petrolio*. Aus dem Italienischen von Moshe Kahn. © 1994, Verlag Klaus Wagenbach Berlin.

Rocco und Antonia, »Antonia versucht, sich zu verlieben, und schläft dabei ein« aus *Schweine mit Flügeln*. Aus dem Italienischen von Wolfgang Sebastian Baur. © 1977, Rowohlt Verlag GmbH Reinbek bei Hamburg.

Silone, Ignazio, Auszug aus *Wein und Brot*. Aus dem Italienischen von Hanna Dehio. © 1992, Verlag Kiepenheuer & Witsch Köln.

Gelesen von Reinhold Joppich
mit Musik von Mario Di Leo

Amore Amore. Geschichten der Liebe aus
Italien. Hörbuch. Europa Verlag Zürich

Hauptsache Rom. Eine literarische
Liebeserklärung an die Ewige Stadt.
Hörbuch. Europa Verlag Zürich

europa verlag zürich

Dario Fo. Meine ersten sieben Jahre und ein paar dazu.
Deutsch von Peter O. Chotjewitz. Taschenbuch

Der Nobelpreisträger Dario Fo, einer der bekanntesten und international erfolgreichsten Dramatiker, erinnert sich an seine Kindheit und Jugend. Mit einem scharfen Auge für die komischen Seiten des Lebens in allen Situationen beschreibt er sein Elternhaus am Ufer des Lago Maggiore, seine Begegnung mit der Malerei und der Literatur und erzählt von kleinen Schurkereien und großen Taten in bewegten Zeiten.

Ignazio Silone. Wein und Brot. Roman. Deutsch von
Hanna Dehio. Taschenbuch

»Silones Roman, ein anschauliches Lehrstück über das Wesen jeder Diktatur, liest sich so spannend wie jeder Polit-
Thriller.« *Südfunk Stuttgart*

»Einer der großen politischen Bekenntnisromane unserer
Zeit. Dass man den Roman heute aktueller denn je findet,
spricht für die tiefe Einsicht des Autors in die Realität des
Bösen: alles das, was Millionen von Menschen hindert, im
wahren Sinne menschlich zu sein. Und dafür sind wir ver-
antwortlich.« *Mannheimer Morgen*

Franca Magnani. Mein Italien. Taschenbuch

Italien, wie es nur Franca Magnani vermitteln kann, unkonventionelle und liebevolle Geschichten von der Piazza della Rotonda in Rom bis nach Eboli, von Mussolini bis Marcello Mastroianni.

»Das Lesebuch für Italien-Begeisterte!« *FAZ*

Leseproben und mehr unter www.kiwi-verlag.de

Feridun Zaimoglu. Rom intensiv. Mein Jahr in der
ewigen Stadt. Taschenbuch

»In der ebenso präzisen wie selbstironischen Beobachtung und der gewohnt fabuliersüchtigen Sprache spie-
geln sich nicht nur die Eigenheiten des italienischen All-
tags, sondern auch das Gefühl der eigenen Fremdheit.«
Kieler Nachrichten

»Sehr pointierte und vor allem witzige Beobachtungen, angenehm unkompliziert und fern von der sonst oft üblichen
Bildungshuberei deutscher Italien-Besucher.« *Die Welt*